THE POWER OF PUBLIC RELATIONS

LI
GUO-WEI

[JOB
004]

公關力

讓客戶、消費者、媒體、政府、投資人都說你好，打造企業影響力

· · · · · · · · · · ·

李國威
LI GUO-WEI —————— 著

插坐學院 ——————— 出品

[JOB
004]

CONTENTS
目次

CHAPTER 3

公關資源管理：無資源，不公關

CHAPTER 4

公關活動管理：項目星羅棋布，實施百密無疏

FOREWORD
推薦序

思維高度、視野廣度、內容深度、執行細度，
決定了公關專業的發展與成就
· · · · · · · · · · · · ·

　　從事公關工作的人，這幾年大概都會被問到：「你／妳們還好嗎？」這種類似生涯危機的對話。此一思維來自於社群媒體的推波助瀾，認定「公共關係＝傳統媒體」的企業人士，會覺得公關已經搞不出新把戲了。

　　這是事實嗎？這個已經一百多年歷史的行業，究竟會隨著數位社群灰飛煙滅？還是會走出一條康莊大道？

　　《公關力：讓客戶、消費者、媒體、政府、投資人都說你好，打造企業影響力》一書，提供想投入公關或已從事公關工作的人，一個完整的解答──你／妳的思維高度、視野廣度、內容深度，以及執行細度，決定了公關專業的發展與成就。

作者李國威先生為中國非常資深的公關專業人士，我曾榮幸於服務 GE Taiwan 客戶期間，與他見面開會並進行交流。這次又相當有緣分，可以先睹為快。這本書從實務出發，透過清楚的架構，但又具體的細節，探討公關幾大面向：

- **CEO 思維 vs. 公關人思維**：從 CEO 觀點思考出發，公關其實包括企業形象、產品行銷、員工關係、公共事務、投資者關係，以及危機管理等許多領域。公關不只是協助銷售產品，而是會針對不同任務的需求，影響人們對品牌的觀點、想法與喜好。
- **品牌策略 vs. 行銷戰術**：從品牌策略觀點出發，公關其實包括品牌定位：挖掘競爭差異點，品牌傳播：讓別人說品牌的好話，以及品牌管理：持續發揚光大品牌核心訊息。公關不只是短期行銷戰術，而是長期品牌策略經營與管理，讓人們認識、了解並喜愛品牌。
- **利益關係人 vs. 媒體記者**：從利益關係人的角度出發，公關工作影響的對象不只有媒體記者，還包括了政府、學界、企業夥伴、客戶、非營利組織、員工、投資者，以及消費大眾等。無論是那類型的溝通對象，公關人員必須找到合適的影響者、影響管道，傳遞正確的影響內容。
- **管理能力 vs. 溝通能力**：公關人不能只懂得溝通，更要懂得管理——這當中包括專案管理、活動管理、危機管理、預算管理、人員管理，以及績效管理等。唯有提升自己的管理能力，才能在公關生涯走得又久又好。

這本書適合想從事公關、剛開始從事公關，以及從事公關一段時間的人，鍛鍊自己的公關專業的高度、廣度、深度，以及細膩度。特別在一些執行工作部分，作者所分享的實際作業內容，例如，如何發展主要溝通訊息、進行公關

活動管理、安排溝通採訪等，均可以馬上應用在日常工作。個人從事這個行業超過二十五年時間，始終相信公關工作比以前更為重要。

這當中的關鍵在於**無論傳播環境如何改變，公關核心仍在協助品牌贏得影響力**（Earned Influence），**但是方式則必須與時俱進**。公關專業人員必須以更宏觀、更周全、更具創意的角度思考，並且輔以數位（Digital）、社群（Social）與資料（Data）協助，才能走出自己的康莊大道。

所以如果有人再問一次：「你／妳們這些公關人還好嗎？」我會大聲告訴大家，我們這些與時俱進的公關人都很好，而且一定會更好！

王馥蓓
台灣奧美董事總經理

PREFACE
序

公關人需要自己的教科書
. . . .

我以前不是做公關的，甚至都沒有接觸過真正的公關人。

第一次見到李國威老師，是在 2016 年。那是「新榜」組織的一場大型線下論壇，主題是「借勢還是造勢」，台下坐著五百多人，我和他都是演講嘉賓。

我就坐在第一排，聽李國威老師的演講，覺得這個人很有意思，歲數好像不小了，滿頭灰髮，但精神飽滿，不失嚴謹的休閒西裝，語言表達邏輯清楚，還有一點網路人的煽動勁兒，但又明顯有著大公司訓練出來的氣場。

李國威老師的演講主題是「B2B（平台對平台）企業的熱點行銷」，內容比想像中好玩多了。伴著台下的笑聲和掌聲，我就決定，要跟這個人合作。

活動結束後，我問李國威老師能不能聊上幾分鐘，他爽快地答應了。工作人員忙著收拾場地、給嘉賓發禮品，我們繞開人群，躲進一間休息室。

我直截了當地說：

你授課非常棒，內容有意思，台風很好。而且 B2B 方向的品牌行銷，正是我們平台特別需要的知識，而且是系統知識，這方面如果沒有大量的實際經驗，是很難講的。我想邀請你來插坐學院做講師。沒想到的是，李國威老師很爽快地答應了，他也很認可插坐學院的培訓理念，連什麼條件都沒問，就答應做我們的簽約講師了。

後來，我還聽說他因為與插坐學院合作，回絕了很多培訓平台的簽約。真的很感激，當然這些就不在這裡贅言了。

我在回公司的路上，又認真查了查李國威老師的履歷資料，才恍然大悟，原來他是深藏不露。他哪裡只是會講 B2B 品牌行銷，他在過去二十年一直從事品牌公關工作，先後任職於多家全球頂級公司。於是，我開始策劃、推動，讓李國威老師拿出全部精力，把過去二十年的工作經驗，梳理成一門真正有用的課程。

這就是後來在「好多課」App（應用程式）上推出的線上課程「品牌公關‧工作指南」。

不出所料，這個系列課程推出以後，迅速成為全網最受歡迎的公關實戰課程。音訊＋文字＋PPT（簡報）的授課形式，也很受學員歡迎，大家回饋最多的是：

李國威老師在公關行業經驗超級豐富，既有視野高度，又特別接地氣。很多節課程的內容，直接就能拿來改善眼前的工作。

也有學員說：

前一陣公司要接待一位政府高層領導，我把李國威老師的課程內容

——《如何接待政府高層領導訪問？》——翻出來聽了兩遍，直接就在接待活動中用上了。

還有很多學員，在好多課 App 留言區跟李國威老師互動，提出的問題種類五花八門：

李老師，我剛剛入行，一個媒體都不認識，我怎麼能跟他們認識啊？

李老師，我們 CEO（執行長）愛說一句話，凡是不以銷售為目標的行銷活動都是耍流氓，公關一定要促進銷售嗎？

李老師，老闆讓我們自己寫明年的工作考核目標，您覺得有哪些指標和維度可以檢驗公關部的成績？

李老師，我是做平面設計的，想做公關，你覺得需要做什麼準備才能轉行？

李老師，我在乙方做了十年了，是不是應該找個甲方的工作機會？

這些問題，李國威老師都一一回答了。他的課程留言區，簡直就是一個品牌公關的十萬個為什麼。

其實，還想和各位朋友分享一件事，那就是我大概用了三個月的時間，說服李國威老師接受「品牌公關・工作指南」這個實操型的課程定位。

最初，李國威老師是有顧慮的，他擔心實操型的內容太基礎。但我堅決說服他，因為國內大多數公司，公關工作都很薄弱。

2018 年，全球 500 強企業中，中國公司的上榜數量僅次於美國，位居全球第二。這意味著，中國企業在全球經濟中的地位愈發重要。當然，在中國企業快速發展的背後，也潛伏了一系列隨時可能發生的品牌危機事件。

但很多營收上百億的企業，甚至連一個全職的公關職位都沒有，更別提公關部了。公關在中國，也是一個小眾職業，更談不上高端職業。

這就導致很多企業在發生危機事件時，很像在高速公路上奔跑的孩子，突然跌倒了，環顧四周，手足無措。

所以，行銷大行其道多年之後，公關應該走向前台了。公關人那麼忙，那麼辛苦，公關人應該有一本屬於自己的從業教科書。

我對李國威老師說，這不僅是公關人的事兒，也能在很大程度上影響中國企業的品牌形象。你有二十年的全球公司的從業經驗，這件事必須你做。好在，我每次講到對廣大公關從業者的價值時，李國威老師都會堅決配合。

再好的課程，也需要推廣，何況公關課程本身比較小眾。沒想到的是，在撰寫李國威老師的課程文案時，我和團隊對李國威老師也有了更深的了解：

名校畢業，英語學士，新聞學碩士，在新華社工作七年，其中三年在英國做駐外記者，先後在生力啤酒、通用汽車、華晨汽車、通用電氣做了二十年的企業品牌公關，參與領導了公司北京奧運會贊助項目、上海世博贊助項目，在廣告、公關、雇主品牌、企業社會責任、危機管理等領域都有豐富的經驗。

李國威老師還是公關界最知名的自媒體人之一。

他的微博、微信號「姐夫李」一直擁有一批高品質的公關讀者群。雖然公關界有不少人都是媒體出身，但像李國威老師這樣，常年在實踐中邊做邊寫的，其實十分罕見。

這也說明李國威老師對公關工作的極大熱情。

很多人說，做管理、做業務，跟講課寫書，是兩個不同的頻道，一個頻道會擠占另一個頻道。所以，要麼只寫不做，要麼只做不寫。

但李國威老師認為，實際工作和輸出價值同樣重要。不管是寫作，還是講課，輸出價值，都是他多年來一直保持的習慣。

早在 2010 年，他還在通用電氣公司做高階主管，那還是部落格時代，就出版了一本完全由自己寫作的職場書《金領手記──領導為什麼不生病》。

很多那個時代的公關和職場人，至今還記得那本書裡的金句和段子。那時候的李國威，輕鬆瀟灑，認為做好本職工作算不了什麼，把業餘做到極致才是本事。

既然說到這兒，不妨再爆個料，李國威老師的業餘本事，還有很多。

2018 年春節前，我和李國威老師在一家日本料理餐廳吃晚飯。因為挺晚了，又開了一下午會，都有點兒累，我就隨口問他一句：「姐夫，你平時有沒有啥愛好？」

沒想到李國威老師說：「以前經常玩鍵盤電子琴，現在玩得少了。」我一聽就來勁了，因為我也喜歡音樂，馬上追問，你玩鍵盤什麼水準？描述一下我聽聽，看看比我強不。

結果，李國威老師一臉壓抑不住的傲嬌：小學學的手風琴，中學給班級大合唱伴奏；大學和同校同學劉歡玩電子琴，為劉歡伴奏，幫他在 1985 年北京高校法語和英語歌曲大賽上一舉成名；工作後，還在新華社組成的樂隊裡演奏鍵盤，為新華社舞會和中直機關歌詠大會等活動伴奏。

好傢伙，我只知道李國威老師是公關圈的絕對大咖，沒想到他還是一個玩鍵盤的文藝青年。

這樣的人做公關，沒法不精彩。

我經常想，我們這些 80 後、90 後的創業者，到了李國威老師的年齡（他是 60 後），會是怎樣的狀態？還能不能保持那種對一切事物的好奇心，為了一個目標，執著甚至笨拙地努力。再多一點期望，能不能擁有更強大的包容之心，在接受這個世界的種種不完美的同時，依然保持樂觀向上的力量。

過去一年，李國威老師全力投入到寫作和公關培訓中，「姐夫李」在行業中赫赫有名。插坐學院為他開辦了多場線上和線下課程，很多同學都是他多年的粉絲，也有很多當年的粉絲，現在做了部門主管，又推薦部下來聽他的課。

這本《公關力》，凝聚了李國威老師二十多年的公關從業經歷，我相信，在中國企業影響力愈來愈大的今天，這本書不僅能系統幫助中國公關人成長，也能在很大程度上，進一步推動中國企業的品牌影響力。

是為序。

何川
插坐學院、好多課 APP 創辦人

2018 年 10 月 23 日

INTRODUCTION
前言

有種特別的精彩，叫公關
· · · · · · · · · · · ·

我做過七年記者，二十年企業品牌公關，一直覺得公關是一個有感、有趣、令人羨慕的行業。

但是這兩年也聽到不少困惑甚至懷疑的聲音。

有的跟我說，公司 CEO 對負面輿情零容忍，要求公關部刪除網上所有的負面新聞。這個太難做了啊。

有的說，公司新產品發表，老闆要公關部找十家國際主流媒體做專訪，來一輪產品正面報導，這個做不到啊。

一個朋友在公關公司做總經理，一天有個 90 後部下衝進他辦公室，問公關的意義到底是什麼，朋友講了半天好像沒能說服他，第二天這位「小朋友」就辭職了。

更有不少 70 後做品牌公關的朋友問我，已經四十歲了，還能升職，還能轉型嗎？

這些問題，也讓我重新思考公關的價值。

其實，從二十二年前我離開新華社記者的職位，加入生力啤酒公司做企業公關的那一刻起，我就不再想出名、榮譽那些事情；直到這幾年新媒體崛起，每個人都是自媒體，個人品牌對職業發展的作用愈來愈明顯，我才開始開微博，做公眾號，參加行業論壇，有意識地建立自己的個人品牌。

而公關這一行的本質——為別人製造精彩，為品牌創造價值，從來就沒有改變過。

人們會議論，蘋果的產品真好，很少有人說蘋果的公關做了什麼。很多人都會感慨，馬雲的口才真好，但很少有人講阿里巴巴的公關團隊為準備馬雲的講話做了多少幕後工作。

回想我自己做企業品牌公關二十年，那些所謂輝煌的瞬間，贊助北京奧運會，贊助上海世博會，在人民大會堂做活動，與公司領導去中南海見國家領導人……歷歷在目，而我最喜歡的瞬間，是一次次成功的活動之後，團隊與客戶在舞台上合影，我靜靜地躲在暗處，看那些驕傲的笑臉，悲澀喜極的淚水。

公關就是這樣，創造精彩，成就別人。

我現在還想說，公關的精彩不僅是別人的，也是我們公關人自己的。

每個行業、每個角色都有屬於自己的獨特瞬間，剛剛給孩子洗完澡的母親，目送痊癒的病人遠去的醫生，寫完作品最後一個字的作家，做好一道大菜的廚師……如果不能享受那樣的瞬間，他就不會真正熱愛他的角色、他的行業。

對品牌公關，我們的驕傲瞬間是：完成一個客戶和老闆滿意的創意，第一時間讀到自己安排的媒體專訪報導，聽到 CEO 在重要舞台上的精彩發言中使用你準備的觀點和資料。

喜歡這樣的瞬間，願意承受這些美好瞬間之前痛苦的過程，我們是同類。

在我做記者的時候，特別推崇國外一位前輩的一句話：「新聞記者是世界上最偉大的職業，因為他們將穿著不帶鏽跡的盔甲進入墳墓。」這句話也適合公關，我們每天都在接觸最新的事物，站在最前沿文化的潮頭。

以前在跨國公司工作，我的國內和國外的同行，每天早晨第一件事，就是閱讀當天主要媒體的新聞和評論。

今天，公關公司的小朋友們，每天要刷半小時抖音，用一小時研究百度、微博、微信熱搜事件背後的原因。

我們每天都在擦拭自己的武器，磨亮自己的盔甲。

媒體專訪、活動策劃、產品推廣、品牌重塑，不管是大的還是小的方案，背後都是數小時、數日、數月、數年的積累。過去我們說知識和經驗的積累，現在還要加上，在不斷地調整和試錯中鍛煉的手感。

我可以說出喜歡公關的一千條理由，也可以找到不喜歡公關的一千條理由，怪老闆，怪不講道理的客戶，可是如果你不想在抱怨中生活，就把這些理由一一劃掉。

當然我們也發現，公關愈來愈難做了。過重的資訊負載，過於擁擠的市場，觀念要進入用戶心智，品牌要脫穎而出，在浮躁的世界保持清醒，讓每一個創意都產生價值，公關的挑戰，只有那些充滿熱愛的人，才能知難而進，永不退縮。

好在我們並不孤獨。美國著名行銷學者阿爾·里斯說：「廣告是風，公關是太陽。」公關與廣告，公關與數位行銷，公關與產品行銷，公關與智慧技術，愈來愈深刻的行業融合為品牌公關從業者提供了更多的職業機會，也為公關發揮獨特作用提供了更廣泛的空間。

公關是一個行業，更是一種思維。公關部可能會不存在，但公關的方法論經久不衰。

在我與插坐學院合作開設品牌公關線上課程的一年多時間裡，有七千多名學員成為我們學習社區的一員，累計聽課次數六十多萬次，我線上回答了學員提出的數千個問題。在北京、上海和深圳開辦了七次線下培訓班，還有一系列小規模的線上直播和線下交流。

這本《公關力：讓客戶、消費者、媒體、政府、投資人都說你好，打造企業影響力》，是根據我的線上課程，對內容做了精選和編排。它以分主題的形式，概括了品牌公關行業常見的實戰問題，彌補了品牌公關行業缺少系統實戰教材的不足。這本實戰手冊，也許會幫助你解決日常忙碌的實際工作中的小小困惑，或者在規劃重大項目時，為你提供一個系統方法論的參考。

公關人有屬於自己的別樣精彩，它是永不疲倦的創造力，是公眾利益和企業價值觀之間一道頑固的道德防線，是甘願在聚光燈之外享受他人成就的習慣，是癡迷於學習、分享和自我完善的偏執精神。

希望這本手冊，能幫助品牌公關行業的每個人創造更多屬於自己的精彩。

CHAPTER 1

第一章
· · · ·
職位職責
做好品牌公關，從了解它開始

一直以來，人們強調要「幹一行愛一行」，卻忽略了一個客觀存在的事實：興趣永遠是最好的老師。如果不能真正喜愛一份工作，便無法百分之百地投入，也就不能做到最好。真正的喜歡，往往是建立在對工作正確認知的基礎之上。做好品牌公關，就從了解它開始。

到底什麼是公關：
想盡一切辦法，讓別人說你好
· · · · · · ·

　　如何做好品牌公關？在回答這個問題前，我們一定要清楚另一個問題：品牌公關到底包含哪些工作？

　　經常有學生對我說：「我覺得自己對於這個行業挺喜歡，可是不了解品牌公關到底要做什麼，不知道自己真正做起來是什麼感覺，也不知道自己是不是能夠勝任。」醫生是看病的，教師是講課的，司機是開車的，會計是算帳的，銷售是賣東西的……那麼，品牌公關是做什麼的？

　　事實上，「品牌公關」是當前我們對「公關」行業實際描述的擴大。作為一個行業和體系，「公關」在國外已經有一百多年的歷史。百度百科將其定義為「一個組織為了達到一種特定目標，在組織內外部員工之間、組織之間建立起一種良好關係的科學」。每一個公關理論家都對公關有一個定義。不可否認，

他們的探討和研究促進了整個行業的進步，但也給我們帶來了一定的困惑——到底什麼是公關？

在現實生活中，很多人對品牌公關的工作存在很大的誤解，因為他們對公關的了解，很大程度上來自飯店公關的招聘廣告：「誠聘飯店公關，要求：年齡二十五歲以下，身高 165 公分以上，五官端正，誠實敬業……」對於外貌的過高要求，使得人們常常用異樣的眼光來看待這份工作，甚至避之唯恐不及。

以下，我們可以先透過一個案例來了解一下到底什麼是品牌公關，品牌公關又需要做哪些具體工作。

可口可樂公司是世界知名企業，旗下包括可口可樂、雪碧、芬達、美粒果、冰露等多個產品品牌。2014 年，可口可樂公司在阿聯酋杜拜做了這樣一件事——設計了可口可樂電話亭，投進一個可樂瓶蓋，便可以通話三分鐘。杜拜有大量來自東南亞的務工人員，對於遠離家鄉、工資微薄的他們來說，給家人打電話是一件幸福而奢侈的事情。當時他們的人均工資只有 6 美元 / 天，而電話費卻高達 0.91 美元 / 分鐘，要知道，當時杜拜的可樂一瓶僅售 0.5 美元。

記錄這個事件的影片很快被世界各地的網友轉發，大家覺得可口可樂是一個有創意、有愛心、能給人帶來快樂的品牌。這就是品牌公關定義中說的「塑造企業品牌形象，提高企業品牌形象」的行為。

結合這個案例，我們來總結一下品牌公關的三個層面——目標、受眾、手段，以及需要做的具體工作。

[目標：塑造組織形象]

品牌公關的目的是為了提升企業和個人的形象。為什麼要提升形象？對政治家來說，是為了得到選民的選票；對企業來說，是為了讓消費者喜歡並購買它的產品；對政府來說，是為了得到公眾的支持，獲得政績；對公益組織來說，是為了得到捐贈……

可口可樂電話亭向世人展示了「富有愛心」的企業品牌形象，增加了廣大消費者對品牌的好感度，這也正是可口可樂公司策劃這次活動的初衷。因此，這是一次非常成功的品牌公關。

而針對確定目標，品牌公關需要做的具體工作，則包括以下幾點：

1・知道別人怎麼看自己

用市場調查和競爭分析確定組織面臨的品牌優勢、劣勢、機會和威脅。

2・決定自己要成為什麼

為品牌做一個定位，用差異化、簡潔、聚焦的方式，一句話描述品牌。

3・確定自己要跟人講什麼

設計一套有事實、有洞察的話術，在主題不變的情況下，不斷更新內容，在所有對外溝通中使用這些話。

[受眾：確定需要影響的人群]

所謂受眾是指公關針對的對象。品牌公關的受眾一定是大眾，一定是群體，而非個人。這個群體可以很大，也可以很小——大到影響全世界，比如我

們做關於保護環境的公關；中到針對一個國家或一個行業，比如在美國做總統競選的公關，在汽車行業推廣節能減碳的公關；小到針對一個社區，比如在你家社區宣傳垃圾分類。

　　可口可樂電話亭活動中，直接受眾是杜拜的東南亞勞工，但實際上影響的是全世界消費者對企業品牌的認同。

受眾確定時，品牌公關需要做的具體工作包括以下四個方面：

1・確定所要影響的人群

　　根據企業發展的總體目標，列出需要影響的人群和管道。可能對你這個品牌來說，政府、媒體、消費者、行業協會、非政府組織都很重要，那麼在制定戰略的時候，一定不能忽視任何重要的和潛在的對品牌有巨大影響的人群。

2・確定需要影響的重要人群

　　比如川普之所以能贏得美國大選，關鍵在於，他和他的團隊拿下了中西部一些「搖擺州」，如密西根州、俄亥俄州等。

3・確定不同發展階段的主要影響對象

　　受政策限制比較大的行業，比如網路金融，一開始影響政府特別重要；產品遍布市場的品牌，媒體、消費者協會可能是主要影響對象；在企業文化變革時期，員工是最重要的影響群體。

4・確定不同地域的主要影響物件

針對不同地區的產業限制、文化特點，確定影響物件。比如一個全球企業，在美國經營業務要注意某些行業對工會的影響；在中國要注意對政府的影響；在伊斯蘭國家，要注意對宗教的影響。

［ 手段：做好傳播，用活動和內容實現影響 ］

所謂手段就是做品牌公關的具體方法，這裡的關鍵字是「傳播」，要想方設法將品牌的名聲傳播出去，讓大家都知道──這才叫品牌公關。

比如可口可樂公司將設計、打造電話亭的活動用影片記錄下來，並在網上發布，從而吸引世界各地網友競相轉發，這就是傳播。

這種傳播行為包括但不限於：請客戶和媒體參加產品發表會；在社交媒體發表文字和圖片，講述你做的值得驕傲的事；邀請媒體訪問公司高層主管；參加行業展覽會；發表行業白皮書……

在這裡，我們沒有特別提廣告，因為廣告是建立品牌的一種獨特的行為，是自己製作內容，透過媒體以直接付費的方式發表的傳播活動。當然，我們不能說公關就不花錢，但是公關花錢不是直接購買媒體的版面、時段，而是透過影響特定人群，如記者，讓他們幫助你實現最好的傳播效果。

舉個例子，你舉辦一個行業論壇，要租場地、請與會人員用餐、做背景板、租燈光音響設備、雇公關公司等，這些都需要費用，但是透過這個活動，你得到了重要客戶對你的認可、媒體的報導，以及嘉賓對你的主張的回應，這些都不是用錢直接買來的，這就是公關。

下面這個講公關和廣告區別的笑話，很好地詮釋了這兩個職位的不同之處：

一個男生在直播平台上說：「我這人不錯，顏值高，身材好，人品棒。」──這是廣告。

一個男生請一個女生吃飯，說好聽的話誇女生，吃完飯還送她回家，然後女生對自己周圍的人說：「這個男生人不錯。」──這就是公關。

請注意品牌公關的一個核心問題，就是想辦法讓別人說你好。要想做到這一點，可以使用下面這些手段：

組織產品發表活動；建立和維護媒體關係；建立和維護與意見領袖的關係，包括有影響的業界人士、自媒體人士等；製作企業傳播內容，包括營運企業自媒體，撰寫給媒體的新聞稿等；安排媒體對 CEO（執行長）和企業高階主管進行專訪；為企業高層準備重要活動的講話稿或發言要點；建立企業危機公關體系，包括員工危機應對培訓、發言人培訓等；處理危機公關事件，協助管理層確定回應方式、口徑，完成傳播……

總之，針對品牌公關的具體工作都是圍繞其所包含的目標、受眾以及手段這三個層面來進行的。其中，目標以及受眾更偏重戰略和規劃，手段則更偏重執行。

紙上得來終覺淺，絕知此事要躬行。每個項目真正實踐起來都不是一件容易的事情，即使是一場非常簡單的產品發表會，要想做得圓滿，所要付出的努力也是可想而知的。品牌公關是一個激動人心的行業，雖然辛苦，但其市場需求及回報也很大，歡迎你加入品牌公關這個大家庭！

知識儲備：
在深度和廣度的交錯中，找到自己獨特的位置
· · · ·

在科學技術日益發展的今天，無論你身處哪個行業，要想走得更遠，都應該學會不斷學習，超越自己。品牌公關也不例外。在理解該行業需要做的具體工作的前提下，從業者們需要結合自身原有的知識儲備，不斷完善並提高自己，以此來引導和滿足市場愈發多元化的需求。在職業發展中，最糟糕也是最好的狀態就是感覺知識不夠用，因為知識本身可以學習，可以補救。

品牌公關對知識儲備的要求較為全面。在一個較大的企業裡，職能分工可能相對明確，但是在大多數情況下，品牌公關是一個靈活的職位，工作範圍相對較廣，並不固定。雖然我們一直在強調品牌公關應該管理戰略而不是充當救火隊，但在實際工作中，你免不了到處救火，比如一個大型活動需要有人幫忙接待客戶；公司公眾號營運人員生病了，但是有個微信現場報導需要迅速完成……因此，品牌公關負責人往往更希望自己團隊的人是「全能選手」，而不是技能單一的專業人士，比如做活動管理的完全不會寫公眾號文章，學媒體關係的對組織員工活動一竅不通……

二十年前我剛進入公關這個行業的時候，老闆在香港，內地的公關人員就我一個人，所以媒體關係、產品發表活動、銷售活動支持、CEO 形象管理，都是由我來做。後來到了通用汽車這樣的大企業，團隊的人多了些，但還是需要多頭管理。我的工作狀態是白天與市場部和銷售部開會討論策略，與媒體溝通，晚上寫新聞稿和背景資料，工作強度很大，但是成長的速度也非常快。

所以，品牌公關總體上需要是個雜家，和記者有些相似，什麼知識都要學，而且還要學得快。我們要了解的知識包括傳播學、新聞學、心理學以及社會學。

當然，你千萬不要被這些「學」嚇住，其實很多時候，這些所謂的「學」並沒有想像中那麼深奧。

我就讀研究所時學的是「新聞學」，但是到現在，大家還在爭論新聞到底是「學」，還是僅僅是一項技能。我畢業拿的學位是「法學碩士」，開始印在名片上，很多人問我能不能打官司，於是我便把這幾個字去掉了。

在全球人力資源管理圈子中，有這樣一種說法：Go deep first, then wide，即先深後廣，就是要先把一個行當做深做透，然後再逐步擴展自己的職業技能。

比如你做財務，首先考慮如何在進入職場十年後做到財務專家；做銷售的要成為銷售高手，每年拿上億的訂單……之後再考慮自己下一步應該怎麼辦。如果你真的頗具潛力，公司通常會給你安排不同的工作，比如讓做財務的去管行政，做銷售的去管營運……之後，你的職業生涯便有可能一步步向上發展，直至頂峰。

回到品牌公關這個行業，這樣的例子也不在少數，比如從品牌公關做到CMO（行銷長），然後做了 CEO。當然，並不是每個人都會有這樣的天分、熱情和機會，但無論怎樣，首先將自己的本職工作做好，那才是最重要的。

要想成為行業內的專家，一定要先將一個具體領域的工作做好，比如活動管理，從策劃管理五十人的活動到管理兩千人的活動；比如新媒體營運，從一個搜集網上資料的助手，變成經常寫出閱讀量「10 萬＋」公眾號文章的專家；比如媒體關係，從與報社小記者聯繫，到與 CNN（美國有線電視新聞網）大牌主持人交鋒。

值得強調的是，品牌公關不同於其他行業的地方在於：做深和做廣經常是同時進行的。同樣以活動管理為例，從管理五十人到管理兩千人，改變的不僅僅是活動本身，還有活動的性質。隨著管理人數的增加，你對品牌、對企業文

化的理解也應該隨之加深。從與報社小記者聯繫到與 CNN 大牌主持人對話，你需要對企業戰略以及行業格局，擁有更為深刻的理解⋯⋯

　　插坐學院原副總裁、新媒體金牌講師粥左羅僅用了一年多的時間，便從擺地攤賣明信片的銷售員成為寫出一系列「10 萬＋」公眾號文章的新媒體專家。他的經驗看起來是做深，迅速成為新媒體專家，但是他還有一個祕密，就是他新到職新媒體編輯後，五十二天沒寫一篇東西，而是瘋狂地讀書、上網，研究整個行業的規律，研究爆款文章的寫法。

　　粥左羅在做深的同時，也在像記者一樣做廣，看看他的爆款文章《摩拜 CEO：失敗了，就當做公益吧》、《靠給員工畫大餅，一口氣創辦 10 家公司，身價過億！他的創業模式嚇傻周鴻禕》，這不是僅僅靠研究新媒體標題、行文和轉折的套路就能做到的，還需要依靠他對網路行業的理解力，對公眾心理的理解力，對文字、節奏的掌握能力，等等。

　　因此，在品牌公關這個行業，做深和做廣，並非獨立進行的。在某一個階段、某一種環境下可能強調專注，但有時候，「深」和「廣」也需要同時進行。

　　首先，要做深做專，掌握一兩種獨門絕技。比如我是記者出身，在媒體方面比較強，有的業界大咖從專業活動管理開始，有的從員工溝通開始⋯⋯之後，在深度和廣度的交錯發展中，逐步找到自己獨特的位置，比如我現在號稱品牌公關戰略專家，你可以成為數位行銷專家、品牌策劃專家、活動管理專家⋯⋯當然，幾乎所有的專家頭銜前面，都有「戰略」這頂帽子，因此你必須對一個

企業和行業，對中國和全球政治經濟環境有深刻而廣博的認識，你要能站在 CEO 的角度思考問題、做決定，這就是我們常說的領導力。

總之，品牌公關在知識和技能上，要了解傳播學、新聞學、心理學以及社會學方面的相關知識；在實踐中，積累品牌公關專業的深度知識和廣泛的社會知識，提高領導力。此外，還要了解與當今技術、社會、潮流相關的知識，空餘時間可以閱讀一些在業界有影響力的書籍以及公眾號。

關鍵能力：
人永遠不夠用，你什麼都要做
＊＊＊＊

在職場發展過程中，職業關鍵能力的考察和培養非常重要。職業關鍵能力的考察和培養，對於企業而言，有助於優質人才的選拔和提升；對於個人而言，則直接影響個人職業生涯的成長速度。很多時候，一個人之所以不能取得成績，並不一定是因為不夠努力，而是沒有意識到自己努力的方向可能是錯誤的，不知道哪些能力才是工作真正需要的。

簡單來說，所謂職業關鍵能力就是，在實際工作場景中，招聘方需要找具備什麼樣能力的人，而求職方得具備怎樣的能力，才有底氣去心儀的公司面試。通常，品牌公關的從業者，需要具備以下三個方面的關鍵能力：

[人際交往能力]

面試中，我們常常會遇到一些聽起來很空泛的問題，比如談自己過去的經歷。這些問題看似簡單，實際卻玄機無限。回答開放式問題，是最考驗你人際交往能力的。我在徵人面試的時候，一般會透過以下幾個問題，來考察面試者的人際交往能力：

1・請談談你自己過去的經歷

在談自己過去經歷的時候，很多人喜歡長篇大論，從童年講到工作；事實上，這種做法並不明智。通常情況下，回答這個問題不能超過五分鐘。一個真正好的回答，往往只需要包含自己任職過的主要崗位、參與過的重大專案、服務過的重要客戶，以及自己經歷中獨特的地方等，幾個主要方面。比如：

我叫張晶晶，北京航空航太大學英語系畢業，五年工作經歷，前三年在奧美公關做客戶助理，服務過英特爾和 GE；後兩年在萬博宣偉做客戶經理，參與過北京申辦 2022 年冬奧會專案。我工作之餘喜歡跑步，去年跑了半馬（半程馬拉松），今年準備跑一次全馬（全程馬拉松）。

　　就這樣簡單的幾句話，便可以將所有面試官想要了解的問題交代清楚。不要小看這個回答，很多事實本身就能夠說明一定問題，比如英語專業畢業，英語應該不會很差，像在外商工作的面試官，對於語言通常還是有一定要求的。此外，你服務這些大客戶時見過的世面，如參與北京申辦冬奧會這樣的大事件從而得到的經驗，都會影響到面試官對你的印象。

　　這樣的回答還可能引出更多的好奇，為你贏得更好的展示自己的機會，比如長跑與毅力，運動與解壓，都可能會成為接下來的面試話題。但是最初介紹中的點到為止，是對面試官的尊重，表明你重視他人的感覺，這是人際交往的基本原則，也是品牌公關行業考驗的一個基本素質。

2・請問你為什麼喜歡品牌公關這個行業？為什麼要申請我們公司這個職位？

　　這兩個問題和你的專業能力有關，但更多的也是在考察你的人際交往能力。面試官可以從你的回答中了解你對面試人、面試公司的感覺，獲得對你的有效印象，並能在第一次接觸中摸清雙方契合度——我們叫 chemistry（化學）——是不是匹配。

　　在回答此類問題時，應該包含的要點有：你對品牌公關行業的見解；你對申請公司的一般理解，切記不要講深；你對面試人的印象和感覺。比如：

品牌公關看似誰都能做，但是真正做好，需要的功夫遠非常人可以想像。我在做北京申辦冬奧會專案的時候，親眼看見當時的老闆是如何培訓市長接受外媒採訪的，發現做好國際傳播需要的學問真是太多了；我幫助管理北京申奧的 Facebook（臉書）帳號，後來到馬來西亞參與奧申委最後陳述，安排發表會落實各種細節，從中我體會到品牌公關既需要很強的戰略思維，又要求對細節的執行力。我申請咱們公司的這個職位，是因為喜歡這個有國際影響力的

大品牌，它基礎好，在中國機會特別多。我看到你們在做的與國家發改委合作的專案，還有新的廣告戰役，特別有感覺，我覺得國家項目、廣告戰役出來以後，有很多傳播的機會，我願意參與這個品牌提升的進程。我看過您最近發表的文章，講跨國公司如何利用中國提出「一帶一路」倡議的歷史機遇提升品牌影響力，我也覺得這方面機會很多，很希望能參與進來。

回答看起來內容很多，但實際上耗時只需要一分三十秒左右，不算長，以上我所強調的三個要點都已經包括在內。要出色地回答這個問題，不僅需要你在面試之前做足功課，更需要你在工作中不斷總結對行業的獨特見解。

[一專多能]

前文我已經強調品牌公關的負責人往往更希望自己團隊的人是「全能選手」，因此一專多能也是品牌公關面試時，需要考察的一個重要面向。我在面試中一般會問：「你的專業強項是什麼？在強項之外還能做什麼？舉例說明，你在完成自己的主要職責，服務自己的主要客戶之外，是怎麼幫助其他團隊成員的。」

我認為，在基本職責分明的情況下，過度的職責劃分會影響團隊業績，也影響個人發展。

　　我在通用汽車公司工作的時候，品牌公關有北京和上海兩個團隊，我們沒有按照業務功能劃分，比如誰管媒體，誰管活動，而是功能和地域結合。在北京發生的活動，由北京團隊主管；在上海發生的活動，由上海團隊主管。

　　活動管理是耗時耗力的工作，高峰時間要全天候投入，這時必須由另外一個團隊負責文字工作，撰寫新聞稿、發言稿、危機預案等，兩者不可混同；因為一個人不可能一邊看場地，做流程預演，落實客戶名單，一邊改寫新聞稿。

　　而在實際工作中，我也曾看到很多團隊由於功能分得太細，導致員工「忙時真忙，閒時真閒」的情況出現。所以，一專多能是品牌公關人的基本素質。我自己在做品牌公關專案時就經常切換角色，比如：

　　　1. 按宏觀思維和具體細節劃分
　　　①宏觀：接待中央領導視察，準備公司簡報資料。
　　　②具體：陪同地方政府長官勘察中央長官視察路線。

　　　2. 按品牌公關工作的不同功能劃分
　　　①參加行業展會，審查公司布展方案。
　　　②為企業負面報導坐在媒體總編輯辦公室講理。
　　　③主持公司新聞發表會。
　　　④為全球 CEO 擔任客戶會見和大型活動的翻譯。

當然，你不一定要能夠做所有這些事，但一定要能夠表現出你的靈活度以及肯學習、善於學習的態度，時刻準備應對我們這個行業無奈的現實：**人永遠不夠用，你什麼都要做。**

［ 寫作能力 ］

寫作能力對於品牌公關的重要性毋庸置疑。仔細觀察不難發現，許多知名企業的品牌公關負責人幾乎都來自媒體，包括我自己最早也是新華社記者。究其主要原因，除了記者視野廣，更了解國家和行業的大戰略外，就是他們具有較強的寫作能力。

總之，對於品牌公關這個行業而言，寫作能力強的人，往往更容易得到自我提升和升職的機會。寫作對於品牌公關工作的作用，主要體現在以下幾個方面：

1. 從宏觀和用戶角度考慮問題：寫作與品牌傳播的出發點一致。
2. 發現事物之間的聯繫：寫作與品牌傳播的方法論一致。
3. 建立有效的表達結構：寫作與品牌公關對話題駕馭的能力一致。

因此，我在徵人時，對於應試者的寫作能力也非常看重，即使不要求其現場寫作，也會看一下他曾經寫過的東西，從而分析出應試者對文字的興趣和耐心。

職業素養：
平時不注意的小事，極有可能就是大事

• • • •

　　要想在職場中生存，把一份工作做好，光有知識和技能是絕對不夠的，還要具備一定的職業素養，這是一個人責任感和職業道德素養的基本體現。那麼，到底什麼才是職業素養？做好品牌公關，到底需要哪些職業素養呢？

　　我曾經參加過中國人民大學舉辦的一次公關活動，時任空中巴士中國公司公關副總裁米曉春在為該活動發表的開場詞中，講了公關人良好的職業素養。其中她特別強調，參加活動時，客戶在台上講話，下面絕對不能看手機。那次活動整整持續一天，米曉春也始終堅持微笑看著舞台，適時為演講嘉賓鼓掌，在嘉賓座位上時從未掏出過手機，只是在茶歇時才查看手機資訊。

　　空中巴士所面臨的客戶通常都是國航、東航、南航這樣的大公司，因此，米曉春在參加活動的時候，從來都是以代表公司的姿態，對客戶表示充分尊重，這一點也表現在不看手機這樣細微的地方。

　　其實這就是職業素養的一種體現。在資訊化時代的今天，能夠做到這點，確實不是一件容易的事情。也許有人會說：「她是上司當然可以，可我做不到啊。上司讓我隨時聽令，隨時回話。」其實，所謂職業素養包含職業道德、職業意識、職業行為習慣以及職業技能四個基本方面；簡單來說，就是一個人、一個團隊的標誌。你自己的品牌是要自己建立的，如果不能擺脫上司的影響，那就爭取成為上司那樣有影響力的人。

下面，我們就一起來簡單了解一下，品牌公關從業者需具備的三種職業素養。

[對主管意圖的理解力]

講到品牌公關人的職業素養，還是要從主管談起。對一個品牌有最大建設力和破壞力的人是公司的 CEO，同樣地，對你職業發展影響最大的也是 CEO，或者你的主管，所以**對主管意圖的理解力，永遠是排在第一位的**。

對主管意圖的理解，不是揣摩主管喜歡誰，喜歡吃什麼，而是透過這麼幾個問題，來決定你要採取的行動。

1‧他靠什麼做到今天的位置？

主管之所以成為主管，必有其過人之處。從主管的出身、背景，往往可以看出他的風格，他的內心所屬。

比如我以前遇到過一位 CEO，工廠管理人員出身，對產品和製造特別精通，跟他去考察潛在的合作企業，一般主管都是在會議室聽簡報，他卻喜歡一頭扎進車間，甚至會趴到地上看汽車底盤的構造。對這樣的主管，你就要尊重他對技術的執著，他不喜歡說大話，你就讓和他有關的對外傳播儘量務實。

2‧他為什麼在這個時候做出這樣的決定？

在跟主管打交道時，一定要思慮在先、行動在後。

在我的工作經歷中，曾遇到過幾次這樣的狀況：我們做公關活動，新聞稿都寫好了，活動也已經結束，但主管要求我們暫時不要發出新聞稿。部屬會向我抱怨：活動都已經結束，媒體急著要稿子呢，主管怎麼還不讓發？我說咱們不要只考慮自己的問題，媒體固然很重要，但是這個活動，主管曾經和一位政

府高官溝通過，他希望能夠先親自和這位高官打招呼，不能讓他先從媒體上得到這件事的消息，這對公司業務的長期發展十分重要。

要知道主管為什麼會在這個時候做這樣的決定，你就要全面了解事情的背景。所以做品牌公關，培養和主管之間的信任感特別重要。其次是要學會從主管、從公司的長遠發展，以及現實利益的角度思考問題，而不是僅從品牌公關的角度出發。

3・影響他做決定的有哪些人和要素？

最能影響主管的人是誰？當然是他的主管，所以做好下屬，尤其是做好品牌公關，一定要爭取從主管的角度考慮問題。比如你是一個政府部門媒體總編輯，在做新聞宣傳時，就絕對不能只想著宣傳部門主管，更要從總書記和中央領導的角度想你的宣傳策略和報導主題。

同樣，如果你的主管是公關總監，要考慮總監的主管，也許就是公司的CEO 在想什麼；要從主管對內對外的講話中，了解他所在意的重點是什麼，尋找他的傳播主題，然後跟著這個線索去想事情、做事情，結果基本不會出現太大的偏差。

［ 對重要問題的敏感度 ］

重要的問題包括但不限於：政治問題、法律問題、產品問題、競爭對手以及主管的習慣問題，等等。

舉個例子，一家德國汽車公司的全球 CEO ，在上海車展上對數百名媒體和客戶演講，PPT 是德國總部準備的。中國品牌公司團隊在最後審查 PPT 時，發現有一張國家領導人踢球的照片。雖然那個足球活動是這家公司參與規劃

的，該領導人在德國訪問的時候參加了並很喜歡這個活動，但是在商業活動中使用這張圖片，畢竟不適宜，中國品牌公關團隊果斷拿掉了這張照片，因為時間原因，沒來得及與公司全球 CEO 溝通，CEO 演講時才發現缺少了這張照片，大發雷霆。但是品牌公關負責人和中國區 CEO 非常專業地堅持這樣做是對的，在中國必須遵守這裡的規則。

再舉個簡單的例子，我的一個在互聯網大公司工作的同行，在參加政府組織的行業圓桌座談會時，提前到場後發現主辦方將自己公司 CEO 和競爭對手 CEO 的位置安排在了一起，對此，他立刻跟政府的人協商，調整了座位。

類似這樣的事情，在品牌公關工作中非常常見。雖然對很多人來說，這些事也許並不值得一提，甚至有些小題大做；但是對品牌公關來說，這些**我們平時不注意的小事，極有可能就是大事**。

[建立自己獨特的人際交往風格]

前面我們講到空中巴士的副總裁米曉春，她的個人標籤是專業，不僅在公關業務上專業，在待人接物上也非常專業，參加公開活動的時候不看手機即是一例。

當然，有一些獨特的交往風格是需要自己建立的。

我在管媒體關係的時候，有一個習慣就是對記者較為重視的報導發表評論，比如一篇關於行業見解的深度文章，一個名人專訪，我都會給記者發一個微信，以前是短信，告訴他報導很棒，特別有深度，然後也提出一兩個遺憾，比如：這個名人，你要是多寫一些他創業失敗時期的經歷就好了。然後記者會回覆，說本來寫了，名人自己要求一定要刪掉，他特別不願意提那段經歷。這樣一來一往，我和記者之間的關係變得更加緊密。也正是因為我對新聞、對行

業的見解，記者有時候還會專門來向我請教，慢慢地，我建立了以專業性為主的人際交往風格。

　　做品牌公關，為人正直、做事靠譜、約會不遲到、在活動中主動介紹客人之間認識……這些都是基本的職業習慣、職業素養。互聯網時代的品牌公關人，有時會面露殺氣，在競爭面前毫不退縮，這也是一種風格。

　　總之，一個人真正的職場魅力，往往就是透過其工作過程中的言行來具體體現的。培養良好的職業素養，不僅僅是對工作、對公司負責，也是提高自身職場競爭力的關鍵。

CHAPTER 2

第二章

. . .

品牌規劃
為品牌的長期發展選定方向、掃清障礙

品牌這個概念，有時候很大，有時候很小。大到一個你需要
在考試中背下來的概念，小到一個人就是一個品牌。品牌有
什麼作用呢？通俗來講就是讓人記住你、喜歡你，有好的
機會時會想起你。對於消費者而言，品牌能夠幫其簡化決
策過程、降低選擇風險並且提供身分識別；對於企業而言，
品牌能夠幫助其提供溢價、聚集資源以及進行風險保護。因
此，建立品牌，為企業做好品牌規劃，是非常重要的一課。

零基礎品牌：
圍繞差異點展開
● ● ● ● ●

　　缺少品牌戰略規劃，是當前大多數中國企業存在的一個普遍現象。正是由於沒有明確具體的方向，這些品牌在傳播與推廣的過程中，往往不知所措，充滿隨意性，很難達到理想效果。因此，在企業品牌的發展過程中，品牌戰略規劃必不可少。

　　那麼，沒有品牌基礎的企業，又該如何進行品牌規劃呢？我們舉個例子，如果你的孩子長相平平、缺少特點、學習一般，你怎麼樣才能讓老師記住他、喜歡他？方法就是：找到孩子與眾不同的地方，然後將其展示給大家，同時還要注意不能讓這種與眾不同的形象遭到破壞。

　　這種方法正好和品牌規劃的三個主要部分相契合：品牌定位、品牌傳播和品牌管理。沒有品牌基礎的企業要想開展品牌規劃，也要從這三個方面入手。

［品牌定位］

所謂品牌定位，就是找到你與競爭對手的差異點。商業戰場，要想在激烈的市場競爭中脫穎而出，就一定要給客戶一個選擇你的理由。品牌定位有三個基本要點，分別是：以外部為出發點（用戶需求、用戶痛點、競爭對手），差異化為方法（你如何與眾不同），品類為標準（在提到那一類產品時，目標客戶首先會想到你）。

比如，你被任命為一個連鎖商務飯店的品牌經理，該飯店主要為僅有過夜、上網等簡單需求的商務人士提供服務，價格為 99 — 399 元。外部出發點是什麼？就是其目標人群的需求——他們通常由於差旅費有限而沒有辦法選擇豪華星級飯店，對於這些住宿條件並不十分高檔的快捷飯店卻可以承受。

根據市場調查，你發現對於這些用戶而言，交通便捷、網速快、房間乾淨是其最根本的要求，再看競爭對手，他們在提供穩定的網速，占據更便利的地點，提供更好的服務，那麼你又該如何做到與眾不同？如何聚焦猛攻一個點，擊中用戶的需求，讓競爭對手不舒服呢？

漢庭飯店提出的品牌定位是「愛乾淨，住漢庭」，既然漢庭是從「愛乾淨」入手，那麼你就需要考慮其他定位。比如亞朵飯店，它的定位是「文藝范兒的商務飯店」，從大堂簡約舒適的書吧（Bookcafe），到房間裡懸掛的草根攝影師拍攝的飯店所在城市的攝影作品，吸引著在低價舒適基礎上，希望有些品味的客戶。

站在外部視角，用差異化定位的例子還有很多。比如神州專車，它是線上約車品類中第一個打出「安全」概念的企業，其指出競爭對手使用社會司機存在一定安全隱患，而神州專車的司機都是公司的專業司機，把「安全的網約車」這一概念植入用戶的心智。

[品牌傳播]

品牌規劃的第二個問題是，品牌傳播。在確定了你在哪些方面與眾不同之後，需要告訴人家你如何與眾不同。品牌傳播有三種方法。

1・廣告

廣告就是花錢購買媒體的位置、時段，自己說自己好。比如你正在看某個綜藝節目，節目高潮階段，突然插進來一段「本節目由某某品牌特別贊助，某某產品營養好，價值高……」這是廣告。

2・公關

公關就是以不直接購買或者不花錢的方式，讓別人說自己好。比如中國財經新聞網報導：「某某金融產品交易額突破 50 億元。」《財經》雜誌報導：「排隊四小時的喜茶進駐北京，它會成為下一個星巴克嗎？」《人民日報》刊登文章《ofo 小黃車騎行闖世界》……這些都是公關。

3・內容行銷

內容行銷就是提供令消費者信服的觀點，讓別人主動來買你的產品。

著名新媒體網紅胡辛束在公號「胡辛束」上發文：「如果男友送你二手禮物，你會生氣嗎？」她提出的觀點是：「『二手』的定義早已更新換代，它不再是退而求其次，而是花更少的錢，過更好的生活。」文章底部介紹了一個叫作「轉轉」的 C2C（個人到個人）二手閒置物品交易平台，還做抽獎活動，送胡辛束和轉轉聯合推出的手冊《22 歲消費學》，裡面講的都是「撿錢」哲學，「非常適合想要學習『如何正確花錢』的你」。

這是內容行銷。在眾多的關於內容行銷的定義中，我覺得胡辛束概括得最好，她說：「內容行銷，就是你做好一件事，客戶主動來找你」。

那麼，新品牌適合什麼樣的傳播方式呢？得考慮以下三個問題：

1・創辦人的個性

如果創辦人是高調的，自帶傳播的，比如羅永浩，那自然是用公關；如果創辦人為人較為低調，用內容行銷比較適合。「喜茶」的創辦人聶雲宸——一個二十一歲便開始創業的年輕人。別人認為現在品牌就要有趣、好玩，但聶雲宸表示自己本身是一個無趣的人，因此對喜茶品牌理念的定位是「酷、靈感、禪意、設計」，十分適合做內容行銷。

2・用戶的個性

一百個讀者眼中有一百個哈姆雷特，品牌所面對的用戶群體個性不同，其所適合的傳播方式也不相同；因此品牌一定要懂得根據自身特點，設定品牌傳播的方式。

3・主要產品的話題性

如果細心觀察不難發現，市場上像二手車、共享單車這樣大量投入宣傳資金的品牌，大多都是在積累了一定口碑之後，才大量進行廣告宣傳的。事實上，廣告宣傳的主要目的就是為了維護品牌，從而建立更大的用戶基礎。沒有任何使用者基礎和口碑積累的產品，不能單純依靠大量的廣告投入建立品牌。

對於新品牌，特別是網路品牌來說，廣告更多是為了迅速做大流量，在行業發展的狹小的窗口期獲得資本和使用者，從而在殘酷的市場競爭中脫穎而出。

[品牌管理]

品牌管理的目的，就是為了讓品牌與眾不同的形象免遭破壞。對成熟品牌來說，品牌管理有團隊、架構等問題；對沒有品牌基礎的企業來說，重要的是免遭山寨，這是品牌問題，也是生存問題。

喜茶在廣東剛剛興起時，最大的敵人便是「山寨」。當時他們還叫皇茶，在深圳開第一家店以後，市場上就出現了一百多家皇茶，創辦人聶雲宸家樓下就有一家。以肉鬆、牛肉鬆小貝為主打產品的網紅店「鮑師傅」也面臨著同樣的困擾，市場上充斥著大大小小的「金典鮑師傅」、「金牌鮑師傅」，令原創「鮑師傅」既憤怒又無奈。

那麼，企業要如何保護品牌呢？保護品牌的核心策略是：嚴守品牌「原動力」。品牌核心的東西，很難被人模仿。另一方面，還要建立全面的品牌營運配稱，以及讓對手難以複製的整體系統。同時，也要學會做好商標註冊和商標保護工作。

同樣以喜茶為例，憑藉著對自身品牌以及產品理念的堅持，喜茶最終戰勝了山寨品牌，贏得了市場。在創業的前半年裡，喜茶扎根於廣東江門這個只有十幾萬人口的小城中，認真研發產品，充分試錯，建立了從產品設計、供應鏈管理、價格到使用者體驗、服務、店面設計、品牌傳播等各個方面的綜合能力，他們那種「酷酷的，設計感十足」的調性，持續產出的創意，山寨版很難持續模仿；在商標保護上，由於種種原因，最初的「皇茶」並不能註冊，所以他們花幾十萬元買了「喜茶」這個商標。在好名字基本已經被搶先註冊的今天，買商標也不失為一個好方法。

總之，對於沒有品牌基礎的企業而言，做品牌規劃需要考慮品牌定位、品牌傳播以及品牌管理三個主要方面。如果你是一個創業公司的市場總監，或者加入了一家產品不錯但缺少品牌認知的企業，可以根據這些要點提供的線索，開啟你的品牌之旅。

成熟品牌：
品牌的延續與提升
• • • •

　　前文我們講了如何在沒有品牌基礎的企業做品牌規劃，但是一般情況下，多數從事品牌公關行業的人都是處於這樣的工作環境中：為一個擁有一定知名度和美譽度的品牌服務。無論是在世界 500 強的跨國公司，還是在中國迅速崛起的大型國企和民營企業，或者是網路行業的後起之秀，甚至只是在一個並非名聞天下，卻在一個行業、一個地區小有名氣的企業做品牌公關；我們都會面臨這樣一個問題：如何運用品牌公關繼續提升一個比較成熟的品牌？

　　替品牌比較成熟的企業進行品牌提升，我們需要考慮下面這幾個問題：

[品牌需要延續還是重塑]

　　既然品牌已經擁有了一定基礎，那麼，接下來品牌到底是應該繼續沿襲之前的定位，還是對品牌戰略進行重新調整？雖然品牌是長期形成的用戶認知，但是在日新月異的網路時代，有時需要我們堅守，有時為了業務的發展，也需要我們改變現有的認知。

　　比如，你在中國中車——一家主營軌道交通裝備的企業工作。近幾年，該企業一直致力於中國技術在全球市場的推廣。在全球市場中，中車所占據的市場占有率達 30%，但是如果除去中國市場，其市占率僅為 6%。所以，全球化是中車的業務戰略和品牌戰略，品牌公關堅守這個方向繼續做下去是沒有問題的。

　　當前包括阿里巴巴、百度、通用電氣等在內的多數企業都正面臨轉型的問題。之前一直強調「為發燒而生」的小米，現在也已經由最初的高性價比

手機，開始轉向生態的打造和完善。企業業務轉型，品牌公關也要隨之靈活轉變。

對於品牌的延續，我們可以直接進入第二個步驟——傳播。而對於品牌的重塑，還需要做這樣幾件事：

1．保證品牌戰略和業務戰略一致

所謂的品牌戰略絕非只是一個簡單的口號，企業的業務戰略一定要和其保持一致。

比如我們之前提到的漢庭的品牌定位是「愛乾淨，住漢庭」，那麼漢庭的業務戰略、營運配稱，都應該緊緊圍繞「乾淨」這個主題來進行。

2．品牌重塑從內部文化重塑開始

要想做好品牌重塑，一定要先從內部員工開始，要讓員工真正理解轉型的意義。這個做不好，品牌轉型根本無法成功。

3．保證品牌重塑的方向具有充分差異化

前面我們談到品牌規劃的第一步就是要做好品牌定位，找好差異化。品牌重塑也是同樣，如果開始定位不清楚，差異化不明顯，那麼後面的傳播會很難。

怎樣圍繞戰略核心做傳播

成熟品牌的傳播同樣有廣告、公關、內容行銷三種方法，只是相比新創品牌，成熟品牌的傳播需要想得更深更遠，能適應競爭環境。

1 · 廣告：迅速強化品牌獨特主張

　　廣告最主要的目的就是在最短的時間內，讓用戶了解你，並記住你。因此，企業在利用廣告對品牌進行傳播時，一定要注意使品牌的獨特主張得到迅速強化。

2 · 公關：用更大平台，在更高的角度傳播品牌核心資訊

　　對於成熟品牌而言，要想能夠得到進一步傳播，借用更大的平台，站在更高的角度是非常有必要的。阿里巴巴的馬雲會在貴州的數位博覽會上講大數據的未來；百度的李彥宏和前任總裁陸奇會在行業論壇上講百度在人工智慧領域的重點突破……

3 · 內容行銷：做好自媒體＋跨界行銷

　　自己誇獎自己，總是不如別人誇得好。因此，在做內容行銷時，企業可以採用與自媒體以及一些具有影響力的新媒體大號合作的方式──通常，內容行銷是它們獲取使用者和流量的主要方式。此外，還可以考慮更多的跨界合作。特別是對於工業品牌、B2B 品牌而言，產品本身很難產生持續話題，因此需要做一些與現實話題相關的內容行銷來提升品牌。

　　西門子公司與《中國新聞周刊》下面的「有意思 TV」合作，徵集地鐵故事，做成影片，在網上播放：有北漂編劇每天在地鐵上構思劇本，攝影師拍攝「表情地鐵」眾生百態照片，也有西門子地鐵信號工程師背著十幾公斤重的設備檢查信號安全等。

[如何檢驗傳播效果]

事實上，檢驗傳播效果是所有企業在進行品牌規劃時都需要考慮的事情。而我特意將其放在這裡來講，是因為相對於新創企業而言，成熟企業掉頭轉向更困難。目標大了，其面對的競爭自然會更強，傳播所需要的精力和金錢也要更多。

品牌公關的傳播，基本上不以直接的銷售轉化效果為衡量依據，可以使用的標準包括：

1・用戶多維度的回饋

如媒體點擊數、閱讀量、互動率，線下活動的重要客戶的回饋，社會關注度是否上升，以及百度指數是否提高，等等。

2・領導者對傳播的滿意度

現在有人專門投放領導者關注的微信號、新聞頻道等，這種做法顯然有些誇張，但是影響領導者的朋友圈這個思路是正確的。

3・銷售轉化率

主要表現在可以統計的購買意向、App（應用程式）下載量等，一般需要跟行銷工具結合。

單一品牌和多品牌企業的
品牌管理之道
• • • • • •

如果你經營的是餐飲企業，開了一家炸醬麵館，創業初期你需要考慮的問題相對簡單得多：選好店面，起個店名，將麵做好……然而，隨著時間的發展，你的店已經小有名氣，經營到一定程度時，你決定擴張業務，想要增加賣烤鴨的業務。但是之前的店名在顧客眼中已經成為炸醬麵的代表，做烤鴨需要有個新品牌，這時你就面臨一個新的難題：管理單一品牌和多品牌企業。這也正是我們這節所要討論的主題。

[品牌架構的分類]
在企業的品牌架構中，通常存在這樣三種情況：

1・單一品牌
就好像上述案例中，創業初期你所做的炸醬麵就是一個單一品牌。大企業如西門子、中信、海航等，這些企業的主體業務都是跟集團一個名字。

2・多品牌中有一個主導品牌
比如可口可樂公司，旗下有可口可樂、雪碧、美粒果、冰露等多個品牌，其中可口可樂是主導品牌，與公司名字一致。

3・多品牌中沒有主導品牌
最典型的有寶鹼、聯合利華、中糧、華潤等；這些公司旗下同樣包含多個

品牌，比如長城葡萄酒、五穀道場速食麵，都隸屬中糧集團，但它們並沒有主導品牌。

事實上，不管是單一品牌還是多品牌，在管理上都有兩種選擇：集約化管理和分散式管理。

通常情況下，集團品牌的歷史地位和價值比較高的企業，以及 B2B 企業更適合品牌集約化管理。比如通用電氣、西門子這些公司的擴大都來自與公司名字相同的產品。對 B2B 企業來說，因為企業客戶很看重公司的整體實力，因此在推出新業務時使用集團品牌背書，可以有效降低品牌傳播的成本。而適合品牌分散管理的企業，則主要是需要強化品類管理的企業，以及 B2C（企業對消費者模式）企業。比如可口可樂、寶鹼、聯合利華、萊雅等，在這些企業中，產品品牌的重要性高，預算、人員、資源也都向產品品牌傾斜，集團品牌往往需要借助產品品牌的資源。

[單一品牌的管理]

上面我們從企業的角度了解品牌管理的方式，接下來我們就一起來具體了解一下，單一品牌應該如何進行管理。作為一名單一品牌企業的品牌公關負責人，需要做以下幾個方面的工作：

1・以業務主題傳播提升企業品牌

單一品牌企業，應根據使用者需求和社會發展需求，制定業務戰略和傳播戰略。

比如 GE 提出的「工業互聯網」，IBM（國際商業機器公司）的「認知商業」，小米宣導的「提高企業效率」、「將高性價比進行到底」，這些都是單一品牌企業為提升企業形象做的傳播。

2・以聲譽主題傳播提升企業品牌

單一品牌在雇主品牌（Employer Brand）傳播、企業社會責任以及危機管理方面承擔主要責任。而所謂**雇主品牌就是指讓員工熱愛企業，讓人產生來企業工作的欲望**。在危機管理上，因為所有產品使用的都是集團的品牌，因此風險無法切割，無論哪一個產品出了問題，集團都要承擔極大的責任。

3・價值觀和文化傳播

對於單一品牌企業而言，價值觀往往更加簡單統一，在人力資源評估標準、財務管理等方面也都更加集中化。而無論企業是建立品牌，還是轉型期重塑品牌，都需要以價值觀和企業文化為基礎。

我在 GE 工作時，每一次公司面臨業務轉型，公司 CEO 都會強調，其最依賴的就是人力資源和品牌公關部的同事，因為他認為一切變革都是從文化變革，從人力資源評判標準變革開始的。在這個過程中，文化傳播特別重要，品牌公關部門特別重要。

需要強調的是，從長期發展來說，單一品牌愈來愈不適應市場發展。特別是對於 B2C 企業而言，在品牌延伸方面應特別謹慎。比如，儘管樂視出現的問題基本上不是品牌層面的，但是其所有業務都用一個品牌：樂視網、樂視影業、樂視體育、樂視汽車。這樣做固然有利有弊，但長期來說，可能弊大於利。反之，小米正在打造的生態鏈，其投資不控股的七十多家企業，有的有「米」字，比如紫米、雲米、青米、智米……有的沒有「米」字，比如，1 More、最生活……事實上，從某種程度而言，這是一種品牌策略和品牌保護戰略。將來，愈來愈多的企業會採用這種多品牌結構。

[多品牌管理]

接下來，我們再來簡單了解一下，多品牌企業管理品牌的幾個重點工作。

1‧集團品牌和子品牌明確分工

集團負責 CEO 形象管理、投資戰略資訊傳播、政府關係、廣告投放採購優化、官方綜合類媒體關係；子品牌負責產品資訊傳播、行業協會、行業媒體等。

上汽通用汽車有限公司（簡稱「上汽通用」）下面有凱迪拉克、別克、雪佛蘭等多個品牌，他們的媒體投放採用的是集中管理的方式，品牌公關的媒體資源也相對集中，當然這是因為他們的子品牌都是汽車。除此之外，還有一些業務多元化的多品牌企業，比如美國聯合技術公司，旗下有飛機發動機、直升機、電梯、空調、安防設備等產業，他們必須做好集團品牌和產品品牌的分工，集團負責大型投資項目、政府關係、官方媒體關係等，產品的傳播則留給產品品牌去做。

另一方面，在危機管理方面集團品牌和產品品牌也各有分工，必須確定何時採取風險切割，何時上升到集團品牌層面。舉兩個例子：

2016 年蘭蔻在香港邀請主張「港獨」的藝人參加演唱會，被《環球時報》曝光後，引起網友憤怒，蘭蔻全球總部及時處理，發了道歉信，危機迅速化解，沒有上升到集團品牌萊雅。而 2015 年肯德基「速生雞」、「六個翅膀」事件，經過不斷發酵，爭議不斷，最後由肯德基的母公司——百盛公司的中國區董事長發了一封很長很深刻的道歉信，才將這一危機化解。

2・多品牌共性主題合作

所謂多品牌共性主題合作，就是指將多品牌的共同主題整合在一起，各個品牌全部參加，形成對集團品牌和產品品牌都有利的企業聲譽管理戰略。

比如，上汽通用做的「綠動未來」汽車環保項目，萊雅公司幫助農村女性的企業社會責任項目，聯合利華的可持續行動計畫「小行動，大不同」……都是採取這樣跨業務的合作模式。

3・集團品牌為產品品牌提供人才發展和高端資源服務

與單一品牌相比，多品牌的集團品牌部門一般會比較弱勢，公司往往會更重視與銷售更貼近的產品品牌。正是因為集團品牌不過於「急功近利」，所以其戰略性資源比較多。同時，集團品牌可以在公關培訓、不同品牌部門輪換方面提供所謂的「高端資源」，比如在政府和央媒關係等方面為產品品牌提供說明。另一方面，集團也經常需要借產品品牌的廣告資源，來維護重要的媒體關係。

總之，單一品牌和多品牌的管理是一個巨大的話題。可以說，還沒有哪個企業真正徹底解決了這個問題，每一種選擇都有利弊，在企業變革的速度不斷加快的今天，品牌管理作為一個重要的話題也處於不斷的探索之中。

品牌國際化的五大核心問題

· · · · · · · · · · · · · · ·

　　未來十年是中國品牌走向全球的時代；2016 年中國企業在海外的投資已經接近 2000 億美元，比上一年增加了 50%，2017 年雖然因全球市場的不確定性有所下降，但總體還會持續增長。在中國企業全球化的進程中，建立真正的全球品牌，還需要更多的創新和探索。參考其他跨國公司近三十年來的全球化經驗，一個國家或地區品牌做全球化升級，需要考慮以下幾方面的問題：

　　［ 建立全球統一價值觀還是各地價值觀 ］

　　價值觀是品牌的基礎。因此，建立全球統一的價值觀，是企業品牌全球化升級必須面對，也是必須解決的問題。這個問題聽起來簡單，事實上並不容易。曾經有一位中國著名企業的負責人在國內公開表示：我們企業鼓勵奉獻精神，那些不願意加班的人，就是反對我們的價值觀。但這樣的價值觀在許多國家是不被認可的。

　　我 2002 年加入 GE 的時候，公司剛剛做出了一個重要決定，就是建立全球統一的價值觀。這是在管理層和員工討論、爭論很久以後決定的。

　　說起 GE，其歷史可以追溯到 1878 年，是由偉大的發明家愛迪生一手創辦的，是個非常典型的美國企業。從美國走向全球，一個非常嚴峻的問題擺在了 GE 眼前：原來可以激勵美國人的價值觀，在其他地方是否行得通？ GE 決定採用全球統一的價值觀，延續了「想像力和勇氣」這樣來自愛迪生時代的 DNA（基因），也加上了「包容」這樣適應全球業務的價值觀要素。後來證明，這個全球價值觀是可行的、有效的。

［品牌集中管理還是地區分散管理］

這是全球化公司普遍的糾結，即使你明白其中的道理，在人員、預算、主題管理上，也有很多具體問題不好解決。對這個問題，我們可以這樣考慮：

1・品牌的基本內涵、標識等，應該由全球統一管理

可以允許各地在主要標識，比如公司 logo（商標）下面加上各地的文字，就像肯德基、麥當勞 logo 下面都有中文。但並不是所有公司都採取了這樣的做法，比如耐吉（Nike），其標識旁便沒有「耐吉」這兩個漢字。

2・全球主題，本土實施

全球化公司的優勢是大格局、大影響。比如 GE 公司提出的「綠色創想」、「健康創想」業務戰略，海航集團幫助白內障患者的「光明行」，可口可樂公司的「520 計畫」──承諾在 2020 年前為全球五百萬名婦女提供學習和發展的機會……這些都是在全球有重大影響的品牌公關行動，都是設置全球主題，各個市場根據本地情況實施。

3・本土主題，本土實施

全球主題推廣的機會並不是很多，大量的品牌公關專案都是由本土市場根據品牌調性和業務戰略制訂的。

華為在英國與政府合作設立「華為網路安全評估中心」，與當地媒體溝通，承擔企業社會責任。早在 2012 年，有廣泛影響的《經濟學人》雜誌就曾發表文章《是誰在害怕華為？》，指出禁止華為參與英國市場競爭是不明智的。GE 公司在沙烏地阿拉伯與政府合作，提高

女性就業率，建立全部由女性員工組成的服務呼叫中心，這樣女性就可以避免因戴面紗與男性共事的不方便。

[不同市場的利益衝突如何管理]

跨國公司將製造基地設置在哪個國家，一直是全球化的大問題。大部分跨國公司都面臨著這樣的難題——在一個國家設了廠，另一個國家就不滿意。全球產業鏈布局是全球公司必須考慮的問題，在越南建廠，肯定要減少在中國的生產能力，你不可能在每個國家都建工廠。我在跨國公司的時候，每次公司要在中國投資建廠，都要回答美國媒體關於是不是搶了美國工作機會的質疑。

事實上，在國內投資同樣也面臨這樣的問題，可能幾個省同時都希望你去他們那裡創辦工廠，但是你只能選擇一個。解決這個問題的方法就是，光明正大地去做，不要遮遮掩掩。只是在傳播中，要注意強調「服務本土市場」，儘量減輕「把業務從 A 國搬到 B 國」、「對 A 國失去信心」這樣的負面評價。

[強化國別屬性還是企業屬性]

這同樣是一個需要思考的問題：將來中國企業走出去，要強調我們是中國企業，還是強調企業本身？我們聽到的更多聲音是，應該突出企業屬性，淡化中國屬性。事實上，大多數跨國公司在中國，都是哪個有利用哪個。比如說中美關係出現矛盾的時候，很多美國公司會強調：「我們是全球公司！」中國從美國下採購大單的時候，那些公司又會說：「我們堅定促進美中合作，加強兩國人民之間的友誼。」

[品牌公關全球人才和本土人才如何配置]

從中國品牌到全球品牌，在人員運用上應該用哪國人？是用中國人，還是美國人、英國人、日本人？雖然人才是全球化的，但不可否認，當前印度人任全球 500 強企業高階主管的愈來愈多，中國人卻寥寥無幾。中國人想要做到全球化，需要克服哪些文化障礙？

從前，許多人認為中國人要走出國門，就要學好外語。但是對於品牌公關而言，要想實現真正的全球化，光學好英語是遠遠不夠的。

我們還必須要理解中國和其他國家不同的基本價值觀，跨越文化差異的鴻溝。同時，不斷開發自己的潛能，建立全球化意識，提高自身在全球範圍內的競爭力。

現在愈來愈多的中國籍品牌公關高階主管，在跨國公司中國總部管理全球團隊，在各地用本地人也是通行做法。未來中國籍品牌公關人走出國門、成為全球人才的機會愈來愈多，這無疑是一件非常鼓舞人心的事情。

CHAPTER 3

第三章
· · ·
公關資源管理
無資源，不公關

公共資源管理關係企業發展進度，是品牌公關部門的重點工作之一。在這個「酒香也怕巷子深」的時代，必須通過各種管道去營造並傳播良好的信譽。

品牌公關的重點影響人群
• • • • • • • • • • •

　　確定影響人群是品牌傳播工作的重點領域之一。企業品牌公關做工作計畫，乙方為甲方做提案，第一頁都要寫上目標和影響人群，這一頁非常重要。一個好的計畫，需要有明確具體的目標以及其所影響面向的人群，不能過於抽象。很多傳播計畫中將影響人群列為「高端人士」和「企業決策人」，都過於籠統，目標與影響群體愈具體，後面的工作計畫寫起來愈容易。

　　我們在確定品牌公關的影響群體時，要注意這樣幾個問題。

[要影響誰]

　　這個問題並不難，賣天然氣發電設備，要影響的是政府部門中天然氣價格的決策者；賣嬰兒奶粉，要影響的是孩子的母親；賣錘子手機，要影響的是羅永浩個人的粉絲、錘子的「發燒友」，還有忠粉們的圈層。

[透過誰去明顯影響誰]

這個有時候明顯，有時候則不十分突出。比如，你覺得賣嬰兒奶粉要影響孩子媽媽，但如果是一個在三、四線城市和農村地區銷售的嬰兒奶粉品牌，那裡的父母很多在外打工，孩子大多都是爺爺奶奶在帶，那麼你需要影響的，就是爺爺奶奶這個群體。

[透過誰去潛在影響誰]

這是品牌公關最大的難題，在實際工作中，我們經常會面臨這樣的挑戰：我們發一個新聞稿，上司表示他想影響的是省長，那麼省長能看到我們的稿子嗎？做產品活動，被主管批評：「我要影響可能購買豪華汽車的人，你找來這麼多時尚媒體做什麼？」這其實就是透過誰潛在去影響誰的問題。

消費者的決策過程現在很難用簡單的「看到了廣告」、「看到了產品的新聞」來描述。品牌公關一般不直接促成銷售，而是透過建立聲譽，培養消費者對品牌的好感，逐漸促成銷售轉化。特別是對 B2B 企業、高客單價的產品而言，比如飛機、大型機床、醫療設備、百萬級的諮詢專案等，客戶的決策由他的工作圈和朋友圈、政治因素、之前的使用體驗、品牌以及價格等多種因素所構成的一個複雜生態圈所決定（見圖 3-1）。所以在確定影響哪些人的時候，可以是不同項目影響不同的群體。

總體來說，品牌公關要影響的基本人群包括：政府、媒體、行業意見領袖、企業客戶、潛在客戶、公眾、非政府組織以及其他人群。通常情況下，企業在不同發展階段、不同行業、不同地域所需要影響的人群也是有所區別的。

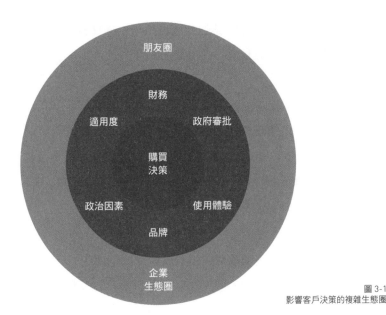

圖 3-1
影響客戶決策的複雜生態圈

[企業在不同發展階段影響的人群不同]

在企業發展早期，一般是通過政府審批獲得初始用戶，到了發展和成熟期，影響的群體就會有所變化。

比如上汽通用的建立。1997 年，上汽集團和通用汽車最主要的工作就是影響政府。當時福特汽車也想與上汽集團合作，結果通用汽車打出了漂亮的公關牌，對中國做出了把最好的技術帶到中國，建立汽車設計合資企業等五項承諾。在桑塔納還占據中國主要市場的當時，通用汽車的這些承諾一下子獲得了政府的高度認可，對促成與上汽合作的政府批准起到了關鍵作用。而現在，汽車合資的布局基本完成，對上汽和通用，包括合資企業上汽通用而言，最重要的是賣車，政府依然重要，但已經不再是需要影響的關鍵群體。

再來看消費品。小米手機最初的用戶是粉絲和發燒友，現在小米手機的用戶更廣，小米和小米生態企業的產品涵蓋充電寶、電源插座、路由器、空氣清

淨器、電鍋甚至毛巾，它的品牌公關也不再是僅僅針對它的「發燒友」，而是有品味、期待最好產品和最好性價比的人群。

[企業在業務和產品變化時影響的行業人群不同]

網路時代，企業在轉型中，會重組業務，並發現新的需求。比如 IBM 在轉型做「認知商業」，就是商業人工智慧，它要影響的產業分布更廣，因此它需要制訂針對醫療健康行業、金融產業的品牌公關策略，因為這些行業需要的「認知商業」的解決方案是不一樣的。

[企業在不同地域開展業務時影響的人群不同]

所處地域不同，品牌公關所需要面對和影響的人群也是有所區別的。

福耀玻璃在美國建了全美最大的汽車玻璃廠，一般來說，該公司的品牌公關團隊主要影響汽車廠商就可以了，但是在美國開工廠，工會的作用特別重要。因此在美國，在汽車、航空這些行業，做好工會傳播是品牌公關的重要目標。

品牌公關的主要任務之一是傳播，而做好傳播，確定要影響的人群是最基本的。這裡的傳播一定是指大眾傳播，針對一個群體而不是個人的傳播。**做大眾傳播，最有效的方式就是利用媒體。**因此，品牌公關影響不同人群的主要方式是媒體。過去是有限的傳統媒體，現在是包括傳統媒體和新媒體在內的所有針對大眾傳播的媒體。確定了影響人群後，選擇媒體、制訂具體策略就容易多了。

保持與記者的良好關係
· · · · · · · · · ·

　　既然公關的目的，就是讓別人說你的好話，我們就要思考：別人為什麼要說你的好話，怎麼才能讓他在想說你好話的時候，感到有東西可說，而且說的還是你想讓他說的。這些都離不開媒體關係。

　　建立良好的媒體關係，我們需要從幾個層面了解媒體的需求。打個比方，就像做銷售要知道使用者需要什麼，然後，再根據需要採用不同的方法來滿足用戶的需求。媒體的需求無非是三個：獲得重要新聞的報導機會；編輯、記者的個人職業發展；廣告和商業需求。而企業需要將自己的品牌和產品資訊，透過媒體傳播給目標人群。

　　綜上所述，企業可以在下面這三個領域，找到與媒體需求相通的點。

[說明記者獲得新聞線索]

　　媒體報導新聞，提供事實和觀點，影響輿論。現在公關做媒體關係面臨的壓力愈來愈大。比如，幾年前京東集團的媒體關係名單，才只有三百人左右，基本是傳統媒體，而現在這個名單上的人數翻了十倍，大量的行業媒體、自媒體被包括進來。在汽車、網路、人工智慧硬體等熱門行業，一個產品發表會請三五百家媒體完全屬於常規作業。

　　另一方面，媒體愈多，對優質新聞的競爭就愈激烈，誰能給媒體提供有價值的新聞線索，誰就能獲得更多報導。

　　那麼，怎樣說明記者獲得新聞線索呢？

1・邀請記者參加重要新聞發表活動

媒體喜歡搶先報導行業領軍企業重要產品的發表，比如蘋果新產品的上市發表。現在很多產品的發表會都是直播，比如蘋果、小米、錘子等手機產品，有的發表會還要收門票，所有資訊對公眾而言，一覽無遺。那麼，邀請記者到現場還有效果嗎？當然有！記者在現場可以體會真實的氣氛、觀察觀眾的反應，從而做出更精彩的報導。

此外，有些企業會對一些重點媒體採用「吃小灶（編按：指特殊待遇）」的方法，在產品正式發表前，提前透露一些資訊，提供更多的背景材料給媒體做預熱和鋪墊，這樣在產品發表的時候，重要媒體的報導會比一般觀眾看到的更有深度。

2・為記者安排企業高層專訪

媒體需要獲得有價值的資訊和觀點。對於行業媒體來說，來自企業特別是行業領軍企業的內容特別重要，他們希望自己能夠獲得某些特權，比如採訪CEO。對包括央視在內的傳統媒體而言，可以採訪到像蘋果的庫克、特斯拉的馬斯克、華為的任正非那樣的人物，都是求之不得的事，這對提高媒體的收視率、閱讀量和影響力非常有利。

此外，媒體記者還希望認識更多能夠提供新聞線索和觀點的人。

我早年做過新華社駐倫敦記者，主要負責經濟和體育報導。當時我就特別喜歡與一些大銀行的經濟學家建立聯繫，比如滙豐銀行、美國運通銀行的專家小組，遇到重大事件，我就打電話請教他們的看法，然後把他們的話寫進報導。

今天我們看到的很多媒體報導，也都是在敘述事實的基礎上，引用一些專家的話，這些人脈資源都是平時要積累的。如果你所在的企業，有金融專家、技術專家、大數據專家，都可以把他們介紹給記者，在保證企業資訊可控、企業專家了解與媒體打交道的風險時，通過公關的安排建立聯繫。

3・邀請記者參觀企業的生產和技術開發現場

雖然現在微信、直播等科技手段已經非常發達，但是記者還是要到現場，因為在現場的感覺不一樣。

像汽車這樣的行業，安排媒體試駕、感受產品，是最重要的公關手段之一，也是做好媒體關係的主要方式之一。帶記者去試駕，試駕路線沿途都是特別能體現產品性能的地方，比如越野車在非柏油路面行駛，跑車在盤山道上行駛，轎車在風景優美的湖邊行駛——試駕的過程也是與記者深度交流的機會。

不僅是汽車行業的試駕，其他行業的諸如參加展覽會、工廠參觀、海外旅行等活動，都是能夠與記者深入交流的機會。我們經常講行銷的情景化，對於產品相對簡單、使用者難以觸及的企業，可以利用製造像「4 小時後逃離北上廣」這樣的事件做行銷；而產品可見可觸的企業，就要努力讓記者體會那種感覺。

GE 曾經邀請了二十多位癌症患者到 GE 醫療產品研發中心訪問。GE 先進的 CT、磁共振醫療設備診斷出了他們的早期癌症，使他們能夠得到及時醫治，這次他們來「親眼見一下那些發明了拯救生命科技

的人」。一群互不相識的人，命運把他們連接在一起，他們擁抱、對話、交流，整個過程被現場的媒體報導，還做成了宣傳片，這種情景化的傳播效果特別好。

當然，不是所有的工廠參觀活動都有這樣戲劇性的場面，但是讓記者親身感受企業，帶他們去生產線、研發中心，讓他們看到真正的產品，接觸設計和生產產品的人，這樣他們才能做好企業報導，與企業建立更密切的情感聯繫。

[幫助記者個人發展]

你可能要問：「公關與記者是工作關係，我能幫助他們發展個人職業嗎？」當然可以，這也是日常媒體關係的一部分。

1・幫助記者樹立行業地位

領軍企業可以說明幫助樹立他們在行業的地位。

從早年的家電、IT，到現在的網路、汽車，媒體推動了行業的發展，記者本身也是發展的受益者，很多記者成為業界令人尊敬的專家。

2016 年年底，樂視租了包機帶媒體去美國參加發表會，這是行業推舉媒體的一個頂峰。在過去的二十年裡，大型企業幫助媒體樹立了行業視野、全球眼光。如今潮湧潮退，很多當年幫助培養了一批行業媒體的企業已經失去光環，但同時新型行業的崛起又塑造著新一代媒體。幫助記者樹立行業地位，首先你應該自己成為這個行業的專家，讓自己和企業與媒體一同成長，同時還要努力把記者推舉為意見領袖。在很多國際和國內的行業高端論壇上，在業界享有高聲譽的頂尖記者，有可能成為演講嘉賓和論壇嘉賓。

2・幫助記者進行職業轉型

與所有的職場人一樣，記者也會面臨跳槽、轉型等問題。當記者在媒體圈內調整工作，換到新的地方以後，一定需要業界的老朋友支持。在這樣的過渡期，為他提供好的行業視角、採訪機會，你的媒體關係也可以事半功倍。

有的編輯、記者想做一輩子傳統新聞，但有的並不一定一直做新聞，媒體人轉行已經成為公關界的一個熱門話題。很多媒體人，包括我自己，都轉型成了公關人，自己創業的媒體人也不在少數。對於一邊工作，一邊考慮職業未來的編輯、記者來說，企業公關可以提供資訊、人脈等很多方面的幫助。

雖然他不再做記者了，但你同樣應該盡可能地去給予幫助。其實這是公關人積累人脈的機會，你在業界的地位、聲譽，很大程度上是由媒體人建立的。這些人即使離開了媒體行業，你的口碑也還在。我曾多次得到已經離職轉行的記者的幫助，他們本身的聲譽和人脈，也會為你的企業公關帶來長期的影響。

［ 合理應對廣告和商業需求 ］

媒體對廣告和商務合作的需求，讓企業的媒體關係變得微妙複雜。需要注意的是，並不是有錢投廣告的企業就更容易做好媒體關係。**投廣告的好處是可以獲得該媒體高層的某種支援和默契，風險是你的廣告永遠無法覆蓋所有媒體。**

與跟廣告相關的媒體打交道，要注意以下幾個問題：

第一，根據媒體的影響力投放廣告，不能根據個人關係投廣告；

第二，深度合作比購買軟文更有效，合法地利用媒體資源實現企業的總體傳播目標，效果遠遠強於一些不痛不癢的軟文；

第三，絕不可在面臨被曝負面消息時，直接用廣告買平安。

[媒體關係中需要注意的問題]

1・能否將記者當朋友？

在我看來，公關和媒體是夥伴關係，有時候可能好過朋友，有時候卻不如朋友。朋友的定義是指，一個你會對他無原則支持的人。而公關和媒體，兩者都不能達到這樣的無原則。行業有自律，江湖有規則，尺度需要自己把握。

2・對媒體應該平等對待還是區別對待？

記者是「無冕之王」，是最不講級別的。但是記者也生活在現實社會，現實讓你必須有所區別，採訪 CEO 不可能安排太多人，發表會座位總有前後排之分。所以，處理媒體關係的原則是：以平等的態度，有理有據地區別對待。

在具體實踐中，要結合媒體的特點進行相應安排，比如電視媒體需要好的拍攝位置，自媒體需要快速發稿，官方媒體需要政治正確，行業媒體需要專家視角；在差旅安排上，參照政府的級別待遇，個別德高望重的老記者可以給予優先考慮。

3・對報導了企業負面新聞的記者，應該更親近還是更疏遠？

首先要明確記者的動機。如果他只是履行自己的職責，特別是為了完成上司交給的任務，就不必特別指責，繼續保持關係，顯出你的大度，他會更加感激。如果他是為了要廣告或者因為其他不道德的理由而報導你的負面新聞，這樣的人要疏遠。不過，更多的情況是兩者混在一起，這時還是需要公關人自己判斷。

人與人之間的相處，永遠是一個複雜的難題。品牌公關與記者，更多時候相互依賴，因此，也要相互幫助。

切莫忽視傳統媒體
· · · · · · · · ·

不可否認，在新媒體地位逐步突出的今天，傳統媒體依然發揮著至關重要的作用，對於品牌公關而言，與傳統媒體建立良好關係，依然是一項重要的工作。

[傳統媒體的強大公信力]

我們常說新媒體時代打破了權威，人人都可以是權威，但這個說法並不完全正確。雖然新媒體的影響力有目共睹，但是傳統媒體，特別是官方媒體，對一個事件、一個企業發聲的影響力，同樣不可小覷。

我們都知道中信集團下面有中信銀行、中信證券、中信出版等子公司，卻對中信重工知之甚少。中信重工在一年的時間裡上了二十多次《新聞聯播》，內容包括他們的「一帶一路」主題，從核心製造到智慧控制技術，從成套設備提供到海外承包工程……企業依靠傳統媒體不斷提升業界地位。

此外，重量級傳統媒體的報導，也很容易在自媒體上被轉發。企業如果上了央視《對話》、《央視財經評論》等節目或者新華網、人民網等平台，員工們通常都非常樂意轉發傳播相關內容。

[傳統媒體的多元分發管道]

網路時代，很多人會產生這樣的感覺：人們都看朋友圈，不看傳統媒體。

這裡面存在兩個誤解，首先是將傳統媒體等同於電視、紙媒這些媒介，其次是覺得朋友圈就是領導圈，當前許多傳統媒體都設立了新媒體平台，比如說「央視新聞」便是影響最大的微信公眾號。此外，政府官員還需要從傳統媒體上得到資訊和資訊中包含的深意，傳統媒體資訊會直接抵達對企業和行業有重大影響力的政府官員。

我有個朋友在大學教公關戰略，他要求學生在上他課的那段時間內每天看《新聞聯播》，然後一起討論裡面的內容和涵義，同學們都感覺收穫很大。

[傳統媒體的採編綜合能力]
很多人認為在這個資訊透明的時代，人們需要的是觀點，而不是事實。這個說法並不正確，事實上愈是資訊爆炸的時代，我們愈需要對事實的深度解讀。因此，傳統媒體的採編綜合能力非常重要。

[傳統媒體的內容便於搜索]
在與缺乏知名度的企業合作時，客戶通常會透過網路查詢該企業。假定兩個競標的公司，搜索結果一個大多都是企業自媒體的報導，而另一個出現的卻是央視、《人民日報》等平台的報導，相信客戶會傾向於選擇聲譽較好的後者。

在企業遇到爭議的時候，特別是消費類產品與消費者自身相關的時候，人們也通常會通過搜索了解資訊。這時候你希望企業的官方聲明出現在首位，最好的方法就是，讓官媒和傳統媒體報導或者轉載企業聲明。

[傳統媒體是企業危機公關的一層保護網]
很多企業希望能夠被具有影響力的傳統媒體報導，並不是為了推銷自己的產品，而是為了給競爭對手看。這裡的對手不僅僅是指其他同類產品企業，也

包括那些對其不滿和懷疑的客戶、供應商、政府官員、員工。從某種意義上來講，傳統媒體是企業危機公關的一層保護網。雖然官媒並不是萬能的，但是不可否認，這是能夠打消人們顧慮、消除質疑的有效方法。

2017 年初，一些海外媒體和自媒體質疑海航併購速度過快。2017 年 3 月 17 日，《人民日報》第 16 版發表整版報導〈創業 24 年，總資產逾萬億元，在質疑聲中躋身世界 500 強──看「海航」如何遠航〉，這篇近萬字的報導是《人民日報》記者在對海航深入考察，採訪了從集團領導到新老員工等諸多人員後完成的。海航的成就，人們有目共睹，質疑聲也時斷時續，企業自媒體當然可以宣傳自己的成就，但是這樣的長篇綜合報導，某種程度上如定海神針，比企業自己宣傳的效果要好得多。

當然，官媒和政府有自己的原則和流程，並不是所有資訊都可以隨便報導。既然傳統媒體有著如此重要的作用，那麼，品牌公關到底應該如何與傳統媒體建立良好的關係呢？這裡有幾個技術性建議：

[分享自己的行業見解，為記者提供有價值的內容]

媒體關係從來就不是請客吃飯，而是分享見解。段位低的品牌公關人員總是拜訪記者卻無話可說，幾次下來，記者就會躲著你；有經驗的品牌公關人員會自己學習消化知識，跟記者談自己的見解。比如公司做人工智慧，做汽車無人駕駛，做創業孵化器，你對行業的了解深度一定要超過記者，跟他談你們的產品，你們的想法，從而影響記者，讓他在報導中提及你們公司。

[了解記者所在媒體的近期報導重點]

了解記者、媒體的報導重點，是為了找到企業和媒體之間的共同點。比如你跟央視財經頻道的記者聊，他可能說，最近要講「一帶一路」倡議的深化，第一次峰會開完了，要看到更多結果，更多新的思路。別的企業講過去在「一帶一路」倡議的相關國家做工程的經過，那麼你可以講講你們公司在「一帶一路」倡議相關國家的投資，投資商、工程承包商、專案管理方、當地政府、中國政府等方面是如何協調、如何共贏的。這對央視記者有啟發，下次做節目他就可能請你們老總出鏡。

[「吹捧」記者]

為了完成一篇好的報導，記者也很不容易，他們也需要被鼓勵，需要被認可。對重點記者，你可以關注他們的每一篇報導，傳達讚賞的資訊。一個好的「吹捧」資訊包含：個人讚美、對報導內容的看法、自己和周圍人對報導的回饋，以及為下次見面找一個好的理由。比如：

> 何老師，看到您昨天發的〈製造業的困境和機遇〉長篇報導，真的太棒了，您對國家製造業發展的見解，採訪的深度，真是無人能比，非常佩服，製造業的升級遠非互聯網企業說的智慧化那麼簡單。我已經把此文轉發給我們的 CEO 和管理層全體長官，CEO 說他很受啟發，文章中提到的智慧化困境正是我們公司下一代產品要解決的。哪天您有空，我叫上 CEO 向您學習請教。

在新媒體時代，傳統媒體在公信力、管道、人才、搜索和危機管理中的作用是自媒體無法取代的。因此，作為品牌公關人員，一定要在傳統媒體關係上做些功課，要對自己的行業有更深刻的見解，對傳統媒體的工作重點有更好的了解，然後運用你的情商，與記者建立惺惺相惜的信任關係。

讓自媒體大號為你站台

· · · · · · · · · ·

自媒體大號分成兩類：傳統媒體性質的自媒體大號與個性化、垂直化的自媒體大號。

傳統媒體性質的自媒體大號多是由傳統媒體人出來營運的具有傳統媒體功能的大號，比如「吳曉波頻道」、「秦朔朋友圈」、「商業人物」等；還有一類是人格化、垂直化的自媒體大號，如「咪蒙」、「六神磊磊讀金庸」、專門談繪畫的「顧爺」、專寫品牌公關的「公關界的007」等。

如何與傳統媒體性質的自媒體大號建立良好關係，基本上，可以參考本章第二節中所講的與記者建立良好關係的方法。需要強調的是，受時間和精力的影響，自媒體大號的媒體人不能像在傳統媒體任職時那樣每天參加很多企業的活動，他們必須有選擇地參加最重要的活動、採訪最重要的CEO。

所以，我們對傳統媒體性質的自媒體大號，需要做的是：

[為他們提供頂級行業見解]

比如，他們比較關注的行業白皮書，需要注意的是為他們提供這些資訊時，要加上公司以及品牌公關個人的見解和推薦語，不能只是簡單地轉發。

[為他們提供與CEO單獨見面的機會]

與企業高層的關係，對自媒體非常重要。

一個起初並沒有特別大影響力的自媒體，在所有媒體都在試圖接近極為低調的華為創辦人的時候，寫出了〈在巴賽隆納偶遇任正非〉這樣令人羨慕嫉妒的文章。這是因為該自媒體人李瀛寰寫過的一篇文章引起了任正非本人的注

意，品牌公關基於李瀛寰對華為的了解和任正非對李的信任安排了專訪，而且這種「偶遇」的方式，也避免了其他媒體的不滿。

接觸重要企業高層，是自媒體，特別是行業自媒體核心能力的一部分。品牌公關應該充分理解這種需求並合理滿足，以此加強與自媒體大號的關係。

[提供合理的商業回報]

這是最簡單，也是最直接的方式。

個性化、垂直化的自媒體大號通常很少談到行業見解，他們的特點是圍繞自己的用戶群，用自己的風格輸出自己的價值觀，與企業的關係基本就是商業合作。

1・為自媒體大號提供符合他調性的資訊，或者與他共同找到合作的結合點

品牌公關除了提供推廣產品的關鍵資訊，還要找到產品與使用者， 以及產品與自媒體大號用戶的關聯。

著名的「少女心」公眾號「胡辛束」已經為六百多個品牌提供了行銷服務，這些合作都是基於雙方的相互了解、溝通，在思想的碰撞中完成的。

2・遵守商業合作的規則，擺脫甲方的「慣性強勢」

自媒體人以內容為商業產品，內容的創造很難規模化，需要耗費大量精力。有些自媒體大號由於工作過於忙碌而忽略了商業條款，因此產生了一些誤解空間。

「公關界的 007」就曾經在廣告位很緊的情況下，還專門發文投訴一家公關公司：該公司在「007」已經寫好文章的情況下，以文章內容與約定不符、客戶不滿意為理由，以遠低於市場價的 800 元強行拿走了文章的使用權。這讓自媒體「公關界的 007」氣憤不已，發文聲討。

　　公關公司在與自媒體交流的過程中，一定要注意合作應遵守商務邏輯，不能因為自己被多變的甲方客戶箝制，就不認真對待自媒體的勞動成果。

巧妙借助 KOL 的影響力
● ● ● ● ● ● ● ● ● ●

KOL 指的是關鍵意見領袖（key opinion leader），就是在某一個領域擁有專家地位和廣泛影響力的人，他們可以分成以下這幾類：

第一類是政策決策者，主要是政府官員和政府在決策時會聽取其意見的專家。

第二類是公眾意見領袖，比如像吳曉波、羅振宇這樣的思想「大 V」以及李宇春、鹿晗這樣的明星，還有公益組織的領袖等。

第三類是產品的專家使用者，比如先進的醫療設備，讓著名醫生使用，得到他們對產品的積極看法。

與什麼樣的行業意見領袖建立關係，主要取決於企業的規模和性質。大型綜合企業，需要影響政策決策者，還要影響公眾意見領袖和產品的專家使用者；專業化企業最重要的應該是影響產品的專家使用者，其次是政策決策者，特別是在他們制定產業政策的時候，一般與公眾意見領袖關係不大；對於新創企業，則與產品的專家使用者和公眾意見領袖的關係要大一些。

那麼，到底如何與這三類意見領袖建立良好的關係？

[政策決策者]

1・建立高層對話管道

如果是大型企業，企業領導人就經常參與政府對話；如果是全球 500 強企業，可以考慮參加每年三月舉行的中國發展高層論壇，這個論壇層級很高，通常只有全球 500 強的董事長或者 CEO 才能參加。

2・建立專業交流管道

政府部門並不是無所不能，他們也需要吸收各方面的專業意見。比如國外的化妝品公司，就經常與國家質檢總局交流國外化妝品品質檢測的標準和方式；著名的私募基金凱雷投資集團，會邀請中國金融投資界的專家，到美國與政府監管部門和企業交流私募基金的管理方式以及其在經濟發展中的作用……這些都會提升企業在政策決策者心目中的影響力。

3・幫助政策決策者提升能力

這種方法投入時間長，見效慢，但作為長期戰略非常有效，而且通常只有大企業才可以做。比如一些大的跨國公司會與政府部門合作，組織國企高管參加領導力和專業培訓。

［公眾意見領袖］

1・在企業和公眾意見領袖共同感興趣的話題上提供線索

2016 年年底，羅輯思維在深圳舉辦的跨年演講，比很多綜藝節目的收視率都高。羅振宇在講到人工智慧的時候，講 IBM 用認知商業的演算法，在十幾分鐘內閱讀分析了 2000 萬頁，相當於 4000 公尺樓高的醫學檔案，說明日本醫院的醫生拯救了一個得了絕症的病人。這個故事，IBM 自己也講過，但是遠沒有羅振宇這樣的意見領袖的傳播效果好。

2・關注公眾意見領袖關心的領域

央視著名主持人陳偉鴻，發起成立了關注留守兒童和青年創業者的「鴻基金」，姚晨支持聯合國難民事業……如果你的品牌行銷與這些話題相關，就可

以與意見領袖掛上鉤。我以前在公司，就曾透過公益組織請李冰冰免費參加過企業宣傳環保的活動。

3・與公眾意見領袖周圍的人建立關係

公眾意見領袖通常很忙，這個時候，通過其周圍的人來實現曲線救國（編按：意指採取間接的方式），不失為一個好方法。

[產品的專家使用者]

這樣的意見領袖身分比較敏感，因此其通常不方便以商業合作的方式為企業做宣傳，對於他們來說，保持自己的行業地位遠比廣告費要重要。因此讓他們試用產品也要看產品的特點。

我自己印象最深的一次是，GE 醫療開發了一種只有手機大小的超聲診斷儀，當時把這個設備給一位國內頂尖的心血管專家試用。這位專家非常喜歡，主動在媒體上講這種技術對快速診斷的作用，並且還用這種可攜式超聲診斷儀在四川藏區查出了十幾名患有先天性心臟病的兒童。這些故事經過 GE 醫療整理之後，被用作行銷內容廣泛傳播。

行業意見領袖憑藉自身較強的人格魅力，以及不可忽視的社會影響力，使得品牌的傳播速度顯著提高，品牌公關因此能收到事半功倍的效果。品牌公關一定不能忽略與意見領袖建立好關係，應針對不同的行業意見領袖，採取不同的方式來拉近雙方的距離。

不卑不亢，與外媒良性互動
· · · · · · · · · · · · ·

一直以來，國外媒體在很多人的印象裡都是鐵面無私的形象，想要和他們培養好關係，基本上不太可能。

我先講個自己的經歷。我在 GE 工作的時候，有一次在中國接待《華爾街日報》總部來的記者。該記者與公司的關係很好，我為其安排採訪了 GE 中國幾位業務負責人，帶她去工廠參觀，還在她走的那天去飯店陪她吃了三個小時的早飯，把中國近代史、改革開放、中國人的夢想都講了一遍，她當時特別感動。

令人意想不到的是，後來《華爾街日報》在頭版發了一篇這位記者寫的稿子，題目是〈GE 公司被迫向中國轉讓技術〉，這與我們向她傳達的主題完全不同。這篇報導將公司推到了一個極為被動的境地。

問題出在什麼地方？是美國總部工作沒做到位？還是我這個中國區品牌公關負責人沒盡到職責？歸根究柢，問題出在我們還不夠了解國外媒體。與國內媒體相比，國外媒體的差異主要體現在以下幾個方面：更多強調客觀平衡，比較少受人情影響；寫好的稿子不給採訪對象審；事先一般不提供問題，只提供採訪的話題範圍；與記者相比，編輯的決策權極大；駐外記者輪換頻繁，負責領域多。

當然，外媒與中國媒體也有相同的地方，比如追逐重大新聞時記者都想做獨家報導，都想成為行業專家，都想採訪企業界大人物。外媒也有自己的弱點，比如剛來中國誰都不認識。而在與外媒打交道的過程中，我們需要注意：

1・不要覺得自己弱勢

要自信，相信自己絕對比對方強，氣勢上要占先。

2・對自己的公司、自己所在的行業有深刻的見解

比如你在電商公司，中國電商的發展絕對能給外國人上課；或者你從事的是製造業，中國的製造業很強，從玩具到電子，再到裝備工業，值得驕傲的話題有很多。

3・測試外媒是否對公司要傳播的關鍵資訊感興趣

了解你的提法、你的角度、你的故事能否引起外媒的興趣，以此來爭取報導機會，或者對關鍵資訊進行相應調整。

4・整理出企業的敏感資訊

在與外媒交流的過程中，一定要注意迴避一些敏感資訊，比如跨境貿易、地區組織、氣候變化、國家安全、國際關係等。

講了上面幾個需要注意的問題，簡單來說，你可以在與外媒見面前問自己幾個問題：我有壓倒一切的自信嗎？我有什麼出色的見解嗎？我用什麼故事和例子講述公司的品牌公關主題？有什麼敏感的事情要注意？

除此之外，與外媒打交道，還要注意以下幾個方面。

1・費用

在和外媒日常打交道中，一定要注意合理花費。通常情況下，外媒，特別是英、美國家的主流媒體，一般不會接受你為其承擔機票、住宿等費用。

2・場合

這一點也與費用有關，與外媒打交道通常都是選擇喝咖啡或吃午飯（lunch）——晚飯（dinner）對西方人來說太正式了。在美國，如果你請你追求的女孩吃晚飯，對方接受了，這就是一個重要的信號。

3・後勤

要盡可能地做到面面俱到，不能忽略任意細節。

有一次，《經濟學人》從英國來的一個知名編輯到我服務的公司採訪。我們公司在上海張江，那天，我們等了快一個小時也沒有見到人。原來該編輯是乘地鐵趕來的，但是他對中國的地鐵情況很不熟悉，結果浪費了很長時間。如果我能夠提前考慮到這種情況，叮囑其盡量打車來，也許就不會出現後來的尷尬局面。

回到本節開始的問題：和外媒培養好關係可能嗎？答案是可能，只是你要設定期待值；外媒更多的是你的夥伴，不是朋友，你們互相利用，在為對方提供價值的過程中為自己創造價值。因此，不要害怕外媒，即使你所在的企業也許並不需要與外媒打交道，但是做品牌公關，了解外媒是我們需要掌握的重要能力，你早晚會遇到的。

有效提升新聞通稿的開啟率

. . . .

在新媒體時代，企業新聞稿有兩個重要的基本目的：第一個是為企業的重要資訊做官方定調，因為自媒體時代會湧現眾多的看法和解讀，比較雜亂；第二個目的則是便於搜索，新聞稿要突出最想讓人搜到的內容。寫新聞稿是品牌公關人員的基本功，但是這個功夫有被取代的風險。

> 2015 年 9 月，騰訊發表了一篇由機器人寫的新聞，第一段是這樣的：「國家統計局週四公布資料顯示，8 月 CPI 同比上漲 2.0%，漲幅比 7 月的 1.6% 略有擴大，但高於預期值 1.9%，並創 12 個月新高。」

機器人寫新聞，最受衝擊的不是記者，而是企業的品牌公關人員。因為相比記者，品牌公關人員寫的新聞稿模式更為單一。因此，設法提高新聞通稿的開啟率對於品牌公關人員來說，也成了非常重要的一件事情。想要讓自己寫的新聞稿有更高的開啟率，除了做好內容，還需要在新聞稿的標題上下功夫，在標題中突出企業名、產品名和話題這些重要的新聞要素。突出這些要素的方法包括：

[目標使用者建立關聯度]

新聞稿不是給長官看的，而是給用戶看的。因此建立與用戶的關聯度是傳播的基本規律，無論是利益還是情感的關聯。我們看幾個與用戶有關聯的標題：「統計顯示丙烯腈價格 2015 年比 2014 年上漲 15%」、「歐盟發起對原產中國的太陽能光電組件的反傾銷調查」、「蘋果公司推出 iPhone8（蘋果第八代手機）」。

不難看出，這些話題均和某個具體群體相關：丙烯腈價格上漲與工業用戶有關聯；歐盟對中國的反傾銷調查會影響太陽能光電產業；iPhone 上市（指蘋果新手機進入市場），「果粉」、消費者都會特別關心，手機廠商也會關注。

[在企業、產品和話題中找到並強化最吸引人的要素]

理想的情況是企業、產品、話題都重要。比如「中國首款量產搭載英特爾®Cuark™ 模組的智慧跑鞋在京發表」。如果一件事情並不是企業、產品和話題都吸引人，就要再去尋找吸引人的點。

在這方面，大企業自帶優勢。由於企業影響力較大，因此自帶吸引力。對於那些並不是十分知名的企業，如果被捲入的事情特別引人注目，也需要突出企業，比如「天天快遞關於京東關閉服務介面的聲明」。

但有些企業與產品並不十分有名，也沒有特別引人注目的事件，這個時候就要嘗試在新聞稿標題中突出有吸引力的話題。比如「首次聚焦中國兒童『尿床』問題，遺尿症亟待科學指導」，這則報導甚至都沒有提新聞發表的主體，但是其話題較具吸引力，促使用戶開啟這條新聞的是話題。

[適當運用副標題補充重要事實和數字]

如果新聞標題需要傳達的內容較多，主標題沒有辦法完整地表達，或者為了便於用戶搜索，不得不將一些枯燥的內容當作標題，比如：「投資家網『2017 中國股權投資峰會（深圳）』即將舉辦」，主辦單位、會議名稱都要放，但用戶看了沒感覺，怎麼辦呢？在這樣的情況下，可以在主標題外加上一兩個副標題，或者叫說明，比如「—— 7 月 29 日五百餘名投資領軍人探討股權投資大時代」。

由於用戶的注意力有限，副標題也要注意突出能夠吸引人的話題，特別是數位和事實，而不是簡單的口號。

《第二屆鄂爾多斯國際文化創意大會發表會在京舉行》這篇新聞稿的副標題「將打造中國北方文化創意新高地」，就不如改成「『文化創意 +』提升全國首批生態文明先行示範區」或者「首屆『一帶一路』文創北斗獎啟動」。事實往往比口號更有效。

總之，要想提高新聞稿的開啟率，就要在新聞標題上下功夫。不僅要與用戶有比較密切的關聯度，還要找到企業、產品和話題中最吸引人的要素，同時注意適當運用副標題補充重要事實和數字。新聞稿完成後，要將標題和內容瀏覽一遍，試想一下，機器人可不可以寫出來？

策劃高報導率的發表會
· · · · · · · · · ·

很多企業，特別是缺乏知名度的企業，都面臨著這樣一個難題——很難吸引媒體的關注，即使是對公司非常重要的事，也很難引起媒體的興趣。如何策劃高報導率的新聞發表會，就成了困擾品牌公關人員的最大難題之一。

企業能不能吸引媒體參加發表會並報導，要看企業所處的地位和正在策劃的發表會對媒體而非對企業的新聞價值。

簡單來說，就是企業愈大，知名度愈高，發表會新聞點愈能吸引人，對媒體的新聞價值就愈大。比如蘋果發表新一代智慧手機；中國中車推出更快、更安全、更舒適的高鐵列車；大疆無人機推出新一代智慧產品……這些事件從來不用擔心無人報導。需要注意的是，要根據需求分別對待蜂擁而至的媒體，既要滿足重點媒體的需求，也不要忽視小媒體和自媒體。

如果你的公司規模很大但新聞點不足，就需要想方設法尋找新聞點。

「霍尼韋爾 · 蓋瑞特品牌組合發表 REDBOOST（一個系列型號）渦輪增壓器」，這就是一家大公司做的新聞點不是很明顯的活動，處於示意圖 3-2 的右下方。這時就需要品牌公關去努力挖掘新聞點，比如，這種渦輪增壓器是專門為中國企業開發的，中國市場的應用環境如何，使用過蓋瑞特產品系列的中國廠商對整個產品有哪些提升，對最終卡車用戶有什麼好處，是不是可以請客戶一起來參加發表會，等等，而不是簡單在新聞稿裡講新產品「進一步豐富了消費者的選擇」。

圖 3-2
企業所處的地位與正在策劃的發表會對媒體的新聞價值

　　如果公司規模不大，就要爭取靠新聞點吸引媒體的注意（圖 3-2 左上角）。對於
小公司的發表會，其實媒體不拒絕，從新能源到人工智慧再到網路遊戲，很多
創業公司的新產品往往會影響整個行業，深具新聞價值。但需要注意的是，品
牌公關一定要努力引導媒體在報導時講核心資訊，比如錘子手機發表會強調的
新產品「重新定義了×××」。如果企業已經決定要召開發表會，又該如何吸
引記者參加？我們可以從表 3-1 來看記者的需求和企業應採用的方法。

　　以下分類，是參照一次發表會中記者的態度和你能提供的價值來完成的。

記者需求	企業原則	發表會操作方法
完成工作	想辦法讓他來參加活動	寫好新聞通稿給記者發
做好新聞獲得認可	提供有價值新聞	提供產品體驗
個人價值提升	提供機會	安排採訪重要人物

表 3-1
記者的需求和企業應採用的方法

[記者需求：完成工作]

比如一個很有能力的記者，執著追求個人價值的提升，但是參加這次發表會僅僅是為了完成長官交代的任務，接下來他還有更重要的事情要做，我們就可以將其歸類於「完成工作」。吸引這類記者參加活動，企業品牌公關可以通過公關公司、個人關係、找記者上司安排等方式來實現。最重要的是要為他們提供清晰的新聞通稿，這是一種基本服務，但我們仍需從幾個視角去考慮：

1・為不同行業的媒體提供不同角度的新聞稿

每個媒體的視角不同，有的媒體做公司戰略報導，有的以消費者體驗為出發點，有的是技術視角……對於那些想要迅速完成工作的媒體，在提供新聞稿時便可以選擇他們喜歡的角度。

2・提供充分的行業背景資訊

許多企業的發表會，特別是技術類企業，專業性很強，即使是對專業媒體，也需要向他們提供一定的行業背景資訊。

由美國晶片廠商睿恩科技（Fresco Logic）和意法半導體（STMicroelectronics）共同推出的「PD3.0 可編程設計快充方案」，就要向媒體提供一系列背景資訊：這兩家合作的意義；為什麼是「USB誕生以來最重要的創新」；對消費電子產品、個人電腦、物聯網發展有什麼影響；快充的行業標準是怎樣的，未來會如何更加簡化等。

當然，一個簡單的產品介紹，仍然會使新聞稿很難將事情介紹得非常清楚，因此品牌公關要將資料準備充分，以應對記者與讀者的提問。

3・提供多媒體資料

這是新聞發表會的一個服務標配，新媒體時代更是不可或缺。產品的圖片、影片，讓媒體可以直接在新媒體平台上使用。

［記者需求：希望做好新聞］

對於第二類「希望做好新聞」的記者，則需要給他們提供更好的產品體驗。

汽車公司做新品發表幾乎都是分成兩次，一次是介紹產品的性能、價格，大場面聲光電呈現，明星代言人出場，極其隆重；第二次則是對行業媒體提供試駕機會。雖然並不是所有企業都像汽車公司那樣預算充足，且十分看重產品體驗，但場景化體驗與產品直接體驗的重要性都不容忽視，需要做出一些特別的安排，比如產品性能示範、產品應用環境展示，以及產品生產過程體驗等。

［記者需求：個人價值提升］

對於第三類尋求「個人價值提升」的記者，則需要考慮為他們提供超出發表會以外的視野。

記者最在意的是跟著名企業家和政治家交往的機會。我在 GE 工作十五年，多次替 GE 的董事長伊梅特先生安排中國媒體專訪，從央視著名主持人到省報小記者，大家在採訪以後都會要求與伊梅特先生合影。

在新聞和產品發表之前，首先要看這個發表會值不值得做。在開新聞發表會的過程中，則要注意考慮記者的實際需要，針對記者的不同需求，分別提供有價值的背景資料、產品體驗和採訪著名人物的機會等，以此來實現發表會報導率的最大化。

CEO 形象管理：
最好的形象就是最好的自己
• • • • • •

網路時代，CEO 形象就等於企業形象。調查表明，在兩家競爭企業之間，擁有明星 CEO 的企業在品牌形象、知名度和人才吸引方面，比另一個有著較為低調 CEO 的企業有明顯優勢。那麼，如何才能做好 CEO 形象的管理？

首先，應該明確的是 CEO 類型不同，適合的形象塑造方法也不同。根據圖 3-3，可以將 CEO 分成四種不同的類型：

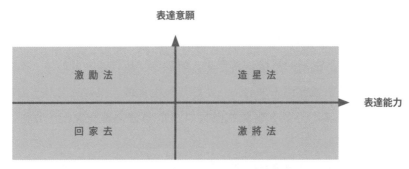

圖 3-3 —— CEO 的類型和形象塑造的不同方法

四種不同類型的 CEO 形象管理怎麼做？

依前文所提，CEO 的形象管理非常重要，甚至說 CEO 形象就等於企業形象。那麼，身為品牌公關人員，又應該如何來管理 CEO 的形象呢？依照 CEO

的表達能力高低和表達意願的強弱，可分為以下四種類型，可對照不同類型的CEO 應如何管理：

[表達能力和表達意願都很強型]

這類傳播型 CEO 通常會對品牌公關有著較高的要求，在為這類 CEO 塑造形象時，我們應該注意每次對外溝通的關鍵資訊須明確，並服務好每一個細節，同時還要提出有深度的客觀評價。

　　英語教師出身的馬雲，無論是表達能力還是表達意願都非常強烈，他的演講往往很能激起人們的興趣。事實上，每次演講的背後，品牌公關部門都做了大量工作。以馬雲 2017 年 5 月在貴陽舉行的數位博覽會上的演講為例。

　　他講的主題是五新：新零售、新製造、新技術、新能源、新金融。他講「數據驅動未來」，一切都要重新定義。這些主題是怎麼提煉出來的？其不僅要求對數據時代以及數博會主題有深刻的理解，還要清楚阿里的競爭對手的主張，這背後是品牌公關和多個職能部門的心血，甚至包括馬雲在數博會演講時手裡拿的卡片的功勞。

此外，作為品牌公關專業人士，還要適時指出 CEO 演講時的一些不足，比如語速過快，講重要觀點時應放慢語速，回答第二個記者的提問時過於拘泥細節，其實一帶而過就好……當然，這個時候要注意尺度的掌握，既要顯示自己的專業度，又要注意在批評、提醒前，先誇獎長官。

[表達能力強、表達意願弱型]

對於該類 CEO，要曉之以理，動之以情，用激將法讓他們出來講話。激將法可以包括下面的話術：「您那麼優秀，怎麼就不能為公司出來露露面呢？」、「員工和客戶都期待您出來講話，您就忍心一次一次讓他們失望？」、「客戶都在議論競爭對手 CEO 的講話，您比他強那麼多，憑什麼我們就不能更好地影響客戶？」……

需要注意的是，有些表達能力強但表達意願弱的領導人，也有可能是因為心理上的原因，比如就是看不慣別人的高調，這個時候就不要總拿別人與他進行比較。

[表達能力弱、表達意願強型]

對待這樣的 CEO 要多用激勵法。當然，光激勵還遠遠不夠，還需要有一定的方法：

1・安排專業的發言人培訓

發言人培訓在國外是一個成熟的行業，總統、政治家、企業家、明星都會參加這樣的培訓。培訓師一般是媒體出身，他們懂得對外溝通之道，懂得媒體套路，會提出有效方法，讓發言人突出關鍵資訊。

2・演練

演練是一個特別簡單但容易被忽視的方法。這就好比打籃球，技術再強的球星，也要在比賽前投投籃，提前找到手感。即使工作再忙，也要儘量在採訪前十五分鐘，扮演記者，對其進行模擬演練。

3・以表揚為主的回饋

對於第三類 CEO，我們要將激勵法貫徹始終，回饋時也要激勵，多講好的部分，適當提一些要注意的點，並且在下一次演練的時候，舉例強化這些要點。

[表達能力和表達意願都很弱型]

需要強調的是，一個表達能力弱而且表達意願也弱的 CEO，對企業是不利的；他必須想辦法改變，否則企業不會取得成功。

在全面了解 CEO 形象塑造的不同方法之後，我們再來探討，怎樣為 CEO 選擇形象塑造的機會。通常情況下，為 CEO 塑造形象包括但不限於以下途徑：接受媒體採訪；在產品發表、行業論壇、政府活動上公開講話；出席有社會關注度的活動、公益活動等；與員工面對面溝通；做 CEO 自媒體。

在安排 CEO 的對外活動時，要注意計畫和臨時應邀相結合。要為 CEO 列出一個年度對外傳播計畫；那些臨時性的活動，要與計畫好的活動進行有效結合，從而保持有序的節奏。

塑造 CEO 形象需掌握的三大原則

為 CEO 創造形象塑造的機會，要遵循下面幾個原則：

[1・公司利益原則]

CEO 形象塑造並不能簡單地等同於「幫老闆出名」。網路時代抓眼球重要，但是抓眼球的方式必須與公司的利益一致。老闆不能什麼場合都露面，老闆傳

遞的資訊一定是能說明實現公司戰略的。

[2 . 循序漸進原則]

要根據老闆的特點安排曝光的強度。對於第二類、第三類 CEO，儘量要從一些相對容易把握控制的活動或媒體採訪開始。

[3 . 風險規避原則]

規避風險，體現在 CEO 對外活動的參與方式和媒體選擇等方面。比如工業等領域的企業 CEO，一般不要參與娛樂類媒體的訪問；在公司面對負面消息和危機的時候，適時將 CEO 推出去；帶有惡意的媒體要求採訪時，也要謹慎以對。

幫 CEO 管理形象時，品牌公關人員應具備的能力

另一方面，在塑造 CEO 形象時，品牌公關人員也要注意提升自身的能力，這樣才能圓滿地完成 CEO 形象的管理工作。在這個過程中，品牌公關人員需要的能力有：

[1 . 戰略思維能力]

特別是對在大型企業工作的人而言，你要了解國家政策、行業熱點、爭議話題，以便能夠為 CEO 提出正確的建議。

[2・媒體關係和判斷能力]

在為長官安排採訪時，要借助媒體關係對採訪者有一個簡單的了解，以此來判斷其選題邏輯。除此之外，還要了解採訪的機會以及風險都在哪裡。

　　我在一家跨國公司的公關部當經理的時候，總監給長官安排了一次外媒的人物專訪，但事前沒有仔細調查記者的背景和風格，結果該篇人物報導將老闆描述成一個行動莽撞、思路不清的西部牛仔，令人十分尷尬。

[3・與大人物交往的定力]

這與人的見識和成熟度有關，你不僅要站在跟老闆相近的高度，還要有掌控他的定力。當然，阻止老闆做事、與老闆爭執，有時無效，有時又會遭到誤解，這就需要你的判斷、你的定力。什麼時候跟老闆溝通，如何溝通，如何引導他做正確的事，避免做愚蠢的事，並為此承受誤解……你的品牌公關段位，就在這樣的過程中提升。

最好的形象就是最好的自己。要學會順應 CEO 的個性，讓他成為更好的自己，而不是把他塑造成一個令他自己感到彆扭的人。

長官發言稿：
寫作是通向品牌公關高層的敲門磚
· · · · ·

　　為長官寫發言稿是品牌公關人員的基本功之一，也是難以逃避的一項工作。關於寫作的話題特別廣，我們在這裡主要強調一下，為長官寫發言稿的幾個方法要點。

[根據發言的場合確定關鍵資訊]
關鍵資訊是公關的一個竅門和利器，是你要傳遞的事實和洞察結果。

　　馬化騰在 2018 世界互聯網大會上發表演講曾經說到：「數字化變革正在給全球互聯網從業者，帶來了前所未有的市場機會。中國互聯網經過二十多年的發展，目前擁有超過八億個人用戶，超過 98% 的用戶使用移動互聯網。移動互聯網的普及，也催生了非常活躍的 O2O 創新。大家在烏鎮也可以體驗到，用手機就可以方便地打車、訂餐、使用共享單車等服務。

　　「過去幾年，我們看到，從推動互聯網 +，到發展數字經濟，再到建設『數字中國』，中國政府對數字創新一直給予支持和鼓勵。我們的消費互聯網得到了充分發展，我們的產業互聯網方興未艾。騰訊近期也剛剛宣布了戰略升級，希望扎根消費互聯網，擁抱產業互聯網，成為各行各業的『數字化助手』。」

在這段講話中，馬化騰描述了「中國互聯網經過二十多年的發展，目前擁有超過八億個人用戶」、「超過 98% 的用戶使用移動互聯網」、「移動互聯網的普及，也催生了非常活躍的 O2O 創新」、「中國政府對數字創新一直給予了支持和鼓勵」等事實，並進而表達了「騰訊近期也剛剛宣布了戰略升級，希望扎根消費互聯網，擁抱產業互聯網，成為各行各業的『數字化助手』」從而證實了其「數字化變革正在給全球互聯網從業者，帶來了前所未有的市場機會」的觀點，這就是關鍵訊息。

選擇關鍵資訊是撰寫長官發言稿的核心問題，你需要確定要在這篇發言稿裡傳遞什麼觀點，影響哪一部分受眾。以下幾個因素可以幫助你做這個選擇：

1・當前的大環境如何

你的關鍵資訊要符合國家政策、產業方向。同時了解競爭對手在說什麼。你的觀點既要體現企業戰略，又要在表達上與眾不同。

2・現場聽眾是誰

對各國能源部長講話與對客戶講話，角度肯定不同，必須根據聽眾關心的話題確定發言稿的關鍵資訊。

3・現場以外的聽眾是誰

公開場合的發言，會影響到會場以外的受眾，儘量讓發言稿的主題能在發言場合之外繼續傳播。

[根據領導者風格設置發言稿風格]

領導者個人的風格不同，發言稿風格自然也應有所差異，比如馬雲是激情四射的；馬化騰是低調嚴謹的；劉強東是犀利直率的⋯⋯有的領導者習慣照本宣科，有的領導者不喜歡看發言稿⋯⋯這就需要根據他們的特點為他們設置發言稿風格，同時還要注意彌補他們的缺點。**如果你的領導者出口成章、滿是金句，你可能就需要為他多準備一些數字，讓他的發言在強大感召力的基礎上更有說服力。**

[提供現場發言需要的列印稿、卡片等輔助工具]

在長官確認完發言稿的內容後，還要注意給長官提供方便的列印稿，要確認字體大小在會場燈光下能看清楚，不要把一句完整的話分別放在兩頁紙上；做卡片要把重要的事實和觀點強化。與長官去現場，要永遠記得備份一份發言稿列印稿，以防突發情況的出現，如長官的稿件丟失，或者長官本來以為可以不用帶講稿上台，結果上台之前突然改變主意等。

寫作是通向品牌公關高層的一塊敲門磚，在為長官寫講話稿的過程中，要學會站在長官的角度思考問題，用比長官還高明的方式來表達文字。即使不想做高層，身為品牌公關人員，也要隨時準備應對長官安排的寫發言稿的任務；因此，培養並提升自己在這方面的能力，是一件刻不容緩的事情。

高階主管專訪：
任何一次雙贏的專訪，都離不開精細周密的準備
· · · · · ·

我們生活中做什麼事情需要準備？簡單說，就是你能夠下意識完成的事情不用做準備，比如吃飯、走路、老司機開車；動用意識的程度愈高，愈需要提前準備。媒體專訪就是一件需要高度動用採訪者和被採訪者意識的事情，比單方行為更加複雜，品牌公關人員作為中間人，作用特別重要；所以這一節，讓我們探討一下媒體專訪準備工作的重點內容和方法。

媒體專訪重點❶替長官做好事前準備

首先，我們先來了解一下如何為長官的採訪做準備。通常情況下，你要交給長官的作業清單包括以下內容：

[接受專訪的目的]
注意，這裡說接受專訪的目的，是指企業的目的。企業品牌公關，要把企業的目標放在媒體的目標之前（當然，在企業目標與公眾利益發生衝突時，要優先考慮公眾利益）。企業領導人接受專訪，一定有明確的理由，可能是為了新產品上市預熱、新行銷戰略的廣泛傳播、CEO 個人品牌塑造等。

[記者採訪的目的]
記者也要考慮媒體和用戶的利益。雖然你們可能已經就公司與 CEO 的相關報導內容達成一致，但是記者可能還有其他目的，比如通過這次專訪了解

CEO 對行業一些重要事件的看法，或者準備把專訪內容用在其他報導裡面等，這些都要提醒長官。

[媒體介紹]

這部分內容看起來比較簡單，不少企業品牌公關和公關公司，都習慣直接複製貼上網上的資料，這樣的話不僅會把長官思路搞亂，而且過多的文字也可能會讓長官忽視你簡報資料中更重要的內容。因此媒體介紹要考慮長官需求，甚至需要加上自己的觀點。

[記者介紹]

了解這名記者的風格、主要報導，以及對公司的熟悉程度，具體可以參考下頁範本 (見表 3-2，參見 P090)。

[專訪內容會在哪裡刊發]

這是每個被採訪人都十分關心的問題。對於採訪後的報導，要為長官設定期待值，避免其由於未達到預期而產生失望的情緒。

[採訪問題]

對於記者提前發過來的問題，要提前做出簡要回答，並標出主要事實和觀點，供長官參考。對於那些只提供採訪話題，不提供具體問題的媒體，品牌公關人員要學會對記者的問題進行目的解讀，提前為長官安排演練。

表 3-2 —— 記者（採訪者）介紹

類別	記者資訊	備註
姓名／性別	李深沉／男性	
年齡／照片	52 歲	年齡表明記者資歷深，應對 50 歲和 30 歲的記者採取不同的策略，長官會有這種意識
職務	《環球醫療報》副總編輯	表明在媒體內部的影響力，有審稿權，溝通層級簡單，但不利的是：他寫的文字，如果對企業不利，很難更改
有影響力的作品	2017《民營醫療的兩難境地》 2016《中國醫療設備企業迅速崛起的啟示》 2016《醫患矛盾的根源在於體制不合理》	從作品中可以看出該記者對政策很有研究，對國內企業有偏愛，對行業非常了解
對公司了解程度	曾經採訪我公司全球總裁；多次參加產品上市活動，2016 年被專門安排訪問了公司在上海的研發中心，與各產品線研發經理對話；對公司的報導基本正面，2016 年曾報導我公司河南使用者對超聲產品的投訴	應附上記者採訪公司全球總裁的報導。由於他對公司很了解，採訪可以單刀直入講觀點和最新事實，不用公司花時間解釋產品和業務這些基本資訊
記者風格	成熟、穩健，喜歡提深刻和有挑戰性的問題	準備好進行一次與智者的探討，一次思想的碰撞，不是簡單回答問題
需要注意的問題	記者最近關注外資品牌在中國的增長困境，注意相應敏感問題； 該記者喜歡紅酒、太極拳、古詩，如有機會可適當閒聊相關內容以放鬆氣氛	注意記者的思想傾向，有機會可以聊聊紅酒什麼的，邀請他下次喝一杯

[公司核心資訊]

公司的核心資訊是品牌傳播最重要的內容，一定要尤其強調。核心資訊可以用「核心資訊屋」 (見圖 3-4) 來表達，其內容包括企業品牌戰略、支撐戰略的主要事實和洞察，以及行業背景、相關數字等。「核心資訊屋」是企業對外傳播一致資訊的保證，每一個公司長官和品牌傳播人員都應經常使用這個文件，並將其爛熟於心。

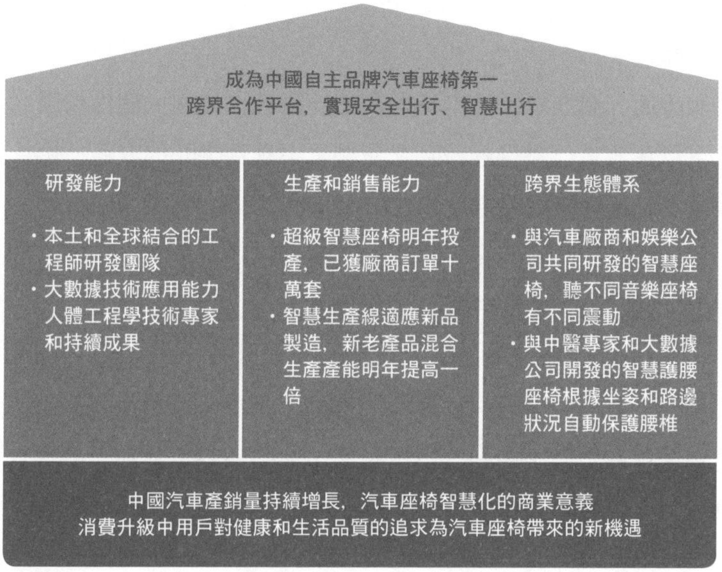

成為中國自主品牌汽車座椅第一
跨界合作平台，實現安全出行、智慧出行

研發能力	生產和銷售能力	跨界生態體系
・本土和全球結合的工程師研發團隊 ・大數據技術應用能力 人體工程學技術專家和持續成果	・超級智慧座椅明年投產，已獲廠商訂單十萬套 ・智慧生產線適應新品製造，新老產品混合生產產能明年提高一倍	・與汽車廠商和娛樂公司共同研發的智慧座椅，聽不同音樂座椅有不同震動 ・與中醫專家和大數據公司開發的智慧護腰座椅根據坐姿和路邊狀況自動保護腰椎

中國汽車產銷量持續增長，汽車座椅智慧化的商業意義
消費升級中用戶對健康和生活品質的追求為汽車座椅帶來的新機遇

圖 3-4
某生產汽車座椅公司的「核心資訊屋」

[公司近期情況匯總]

為長官準備重要的銷售數字、財務指標（可以公開的）、人員變化，以及最新的業務舉措等。

行業競爭資訊、影響行業發展的政策變化、媒體的評價、近期媒體對公司的負面報導，可能會涉及政治、經濟、貿易等方面的敏感問題。

［採訪時間和地點］

在不同地點，長官面對採訪對話的狀態會有明顯不同，因此應該提前告訴長官採訪的環境。

［著裝要求］

在著裝方面，要注意長官本身形象的一致性。比如一個性格隨意的長官需要出鏡，可以穿他自己覺得舒服且又使觀眾不感到突兀的衣服。影片採訪時，避免穿條紋衣服、打條紋領帶等。

媒體專訪重點❷幫助記者做好採訪前的準備工作

除了長官，幫助記者做好採訪前的準備工作同樣不容忽視。對於記者，品牌公關人員的任務單應大致包含以下內容：公司簡介、被採訪的長官介紹、公司最新動態、公司最新的媒體報導、綜合報導。必要時與記者面對面溝通。

［幫記者準備相關的文件］

公司簡介與被採訪的長官介紹應該是公司的標準文件，直接列印或者把電子版發給記者即可。公司的最新動態和媒體報導需要蒐集，針對這次媒體專訪的話題，提供相關的背景資料，便於記者消化。同時，還要做好記者事先不會認真閱讀你發去的資料的心理準備。因此，面對面溝通，特別是對於並不了解

公司長官、和你並不熟悉的記者來說，十分重要。

[與記者當面溝通]

你要主動與記者聯繫，我們強烈主張面對面溝通，如果條件實在不允許，也要做電話溝通。在交流過程中，要盡可能地判斷這個記者的能力、知識水準、對公司的了解程度、態度等；你甚至可以從見面中獲得你需要為長官準備的資訊，比如最終報導的方向、負面報導的可能性、記者在編輯部中的發言權等。

[避免記者問出「幼稚」的問題]

要儘量避免記者在採訪中問出「幼稚」的問題，這些問題包括：對公司嚴重缺乏了解的問題，如你們公司是做什麼的？對公司所在的產業嚴重缺乏了解的問題，如你們這個行業允許外商投資嗎？對接受專訪的長官嚴重缺乏了解的問題，如您做這個職位多久了？

萬一發生採訪意外怎麼辦？五大狀況事先了解，預備解方

意外總是難以避免，採訪的過程中也難免會出現各種變數，最好的辦法是對可能發生的意外心裡有數，發生意外時沉著應對。在安排採訪時，最常見的意外情況有以下幾種：

1‧記者遲到

品牌公關人員可以提前與記者溝通，適時提醒其採訪時間。遇到特別重要的長官專訪，可以考慮派車去接記者。

2・長官遲到

長官事情多，可能沒有把專訪放在最重要的事項。遇到這種情況，可以透過長官秘書友好提醒。

3・記者突然換人

原則上，出現這種意外應該取消採訪，另行約定時間；但是如果實在沒有辦法就要及時通知長官，並且與採訪的記者通話，了解其基本情況以及對話題的熟悉程度，適時對其進行引導，以保證採訪方向不偏離。採訪之後，還要與兩位記者溝通，保證他們寫出的稿件符合雙方需求。

4・記者錄音筆壞了，沒錄上

最好的辦法永遠是做一個採訪錄音備份。這不僅可以防止記者出現技術事故，也為了在將來雙方對內容、引語有爭議時，可以拿出證據對質。

5・報導發出內容與採訪議題完全偏離

前面做的所有工作，就是為了避免這種情況發生，但如果這種情況還是不可避免地發生了，也不要慌，要立刻與記者溝通，找到引發意外的原因，爭取能夠得到修訂，同時還要做好接受長官指責的準備。

任何一次雙贏的專訪，都離不開品牌公關人在幕後精細周密的準備。準備工作看似複雜繁瑣，但也沒有想像中那麼恐怖，只要學會換位思考，從他人角度考慮問題，這些工作做起來便會容易很多。

妥善迎接政府高層領導視察

. . . .

身為品牌公關人員，你可能會遇到這樣的場景：突然接到長官通知，將有政府高層領導來單位視察，要求做好相對應的準備工作，於是大家立刻開始忙碌的迎接工作。政府高層領導到企業視察，自然是一件值得自豪且應謹慎對待的事情；對於品牌公關人員而言，更是極具挑戰性，從訪問前到訪問期間，再到訪問後，任何一個階段都不可掉以輕心。

[協調準備階段]
準備工作有以下幾個主要事項：

1・了解訪問的目的

了解訪問的目的，是做好接待工作的根本，然後再根據目的，準備相應的簡報資料。

簡報資料的口徑是最重要的事，一定要圍繞訪問的目的。寫簡報資料，既要把企業的故事講好，也要強調政府的支持。因此品牌公關要準備口徑一致但用處不同的兩套資料，一套給政府，一套給公司的創辦人或 CEO。這件事情聽起來簡單，但執行的時候也會面臨許多難題，比如公司內部對內容有分歧，地方政府可能對企業要講的側重點有不同意見……

這時，作為品牌公關人員，就要學會在眾多的要素中做出判斷，寫出要點清晰的報告資料。

2・與政府主管部門溝通並確定流程

準備簡報資料的同時，要與政府部門反覆溝通流程，這裡面涉及的細節包括：

1・視察路線，了解應該安排政府長官參觀哪些地方，每個地點停留的時間，以及每個地方的講解人員；

2・簡報形式，是否需要召開座談會，座談要不要放映 PPT，會議室的長官姓名牌放哪幾個，將哪位長官安排在前排等；

3・員工溝通，做好相關工作，特別是要向他們強調不要隨便拍照；

4・其他細節，如是否需要送禮以及合影留念等。長官一般不接受禮品與合影，但可以見機行事。

除此之外，有時還要考慮作為接待的企業，創辦人或 CEO 穿什麼的問題。對於商務著裝，如果你不好掌握，就記住這個原則——比客戶和長官高一個「正式級」。按照男士標準，如果客戶、長官是便裝，你要穿比較正式的襯衫，不打領帶；如果客戶、長官是比較正式的襯衫，你就要穿西裝不打領帶；如果客戶、長官穿西裝不打領帶，你就穿西裝打領帶。

3・配合安檢和其他部門踩點

與準備工作同步進行的是安全檢查，作為企業品牌公關或者企業的行政部門，你需要做的就是認真配合。

[訪問期間流程保證階段]

接待高層領導訪問，主要的精力花在準備上，在訪問長官到達時，只要按照流程走就可以了。為保證流程順暢，需要做如下工作：

第一，公司負責人在長官下車處迎接，陪同步入公司；第二，按照與政府溝通好的口徑簡報，加入個性化閒談；第三，員工原則上照常工作，但可以適當表示友好歡迎。

[訪問後宣傳推廣階段]

並不是長官訪問完成後，品牌公關便完成了任務，訪問後的宣傳推廣也同樣重要。需要強調的是，一定要按照政府無異議的口徑宣傳。對於級別較高的長官，政府的宣傳把控比較嚴格。

對企業來說，重要的是讓訪問圓滿完成，訪問的照片和資料可以用於業務介紹，表明自己企業的影響力。如果與政府接待部門溝通後，其對訪問內容沒有異議，企業可以在社交媒體上發表。

CHAPTER 4

第四章
· · ·

公關活動管理
項目星羅棋布，實施百密無疏

公關活動是一個創造的過程，通過策劃與實施，將最終成果完美地展現出來。這是一項既複雜又極具挑戰性的工作，它要求我們有面面俱到的能力與天馬行空的創意。成功的公關活動可以更快地推廣產品，提升企業形象，打造良好的大眾口碑，為企業積累無形資產。本章就為大家一一分析，如何做好各類公關活動。

公關活動背後的玄機
· · · · · · · · · ·

出於品牌宣傳的需要，公關活動成為策劃中常用的技術手段之一。一次優秀的公關活動，可以有效推廣產品，迅速提升品牌知名度，提升企業形象。公關活動大致可以分為產品上市、工廠開業、展會開幕、產品試用、周年慶典、會議論壇、公益項目、員工活動等。這些活動有三個相似之處：都是配合企業品牌和業務目標的有主題的活動；都是群體性活動，有多元的客戶群；都應得到明確的結果。這也是公關活動的三大特質。

[組織公關活動的五大通用原則]

在組織公關活動時，要注意以下五個通用原則：

1・長官優先

首先考慮長官和重要嘉賓的時間安排，長官如果沒時間，一切後續安排都是空話。

2・場地考量

場地的選擇、場地的檔期、能否訂到特定時間的場地、有沒有足夠時間進行場地的搭建布置……這些問題都要全面考慮。

3・先後次序

較難解決的事、需要提前準備的事要先做，比如預算落實、供應商招標、活動禮品準備和展品運輸等。

4・日程緊湊

活動切忌冗長，比如某些企業的開業典禮安排七八個長官輪流講話，看似雨露均沾，其實大家的體驗都不好。

5・專注細節

公關活動擁有無數細節，邀請函、活動名字、活動亮點、禮品、嘉賓接待等都需要提前考慮清楚。

[組織公關活動的十大要素]

以上五項通用原則，在我們籌備任何公關活動時都適用。那麼，到底要如何做，才能保證活動順利完成，並得到我們期待的結果呢？主要是按照以下十大要素進行策劃：

1・活動主題

主題是我們要首先策劃好的內容，它屬於活動內容之上的內容。不同的活動需要制訂不同的主題。

一些活動本身就說明了意義，比如可口可樂公司與國際奧會簽署合作夥伴協定，寶馬新 5 系發表。這類活動本身意義明確且足夠吸引人。

一些活動需要額外制訂主題，比如會議論壇：「插坐學院研討會」的主題就是「插坐學院線上教育升級研討會」。比如公益項目：某公司與某公司公益基金會活動的主題可以是「讓每個孩子都吃上健康的午餐」。這樣的主題濃縮了整個活動的精華，且通俗易懂，有助於活動的後續傳播。

2・議程設定

議程設定相對簡單，主要是做好創意部分。最考驗品牌公關人員議程設置能力的是論壇，我們要做到：

第一，符合社會或者行業關注的熱點。比如新能源、消費升級、人工智慧等大方向。

第二，有利於企業品牌傳播或者產品推廣。比如你們公司做電動汽車的驅動技術，你在議程中就要有公司代表講這個話題，或者小組重點討論這個話題。

第三，邀請相關主題的專家和意見領袖。比如，討論商業文明可以邀請吳曉波、秦朔；討論電商與線下零售業的未來，可以邀請天貓和萬達的高管；討論人工智慧，可以邀請百度的相關技術專家；談網紅經濟，可以邀請 Papi 醬。

消費類產品注重明星效應；但是對工業產品和 B2B 企業來說，每個細分領域都有自己的專家，名人和級別高的長官固然有號召力，但是出工不出力的名人，到會場講完話就走的前政府長官，其實不如對行業有深刻見解的業界專家更有價值。

第四，確保論壇議程能夠創造更多的傳播機會。嘉賓要提出新鮮的有挑戰性的觀點，甚至可以邀請兩個觀點對立、喜歡辯論的嘉賓同場。比如地產界就特別喜歡邀請主張房價永遠在漲的任志強，和一直唱衰房價、稱「五年內房價將掉一半」的前摩根士丹利經濟學家謝國忠同台爭論。

3・出席長官

對於產品發表活動，大家關注點在產品本身；對於論壇、政治活動，大家更為關注出席的長官，所以參加長官的級別需要我們仔細斟酌。這類活動有博鰲亞洲論壇、達沃斯經濟論壇、「一帶一路」峰會、世界互聯網大會和企業慶典活動、學校的校慶活動等。

4・嘉賓和觀眾

公關活動的本質是促進銷售，所以參與活動的人群應該是產品的使用者，比如小米和錘子手機發表會上，參與者大多是產品的粉絲。嘉賓和觀眾也可以是有影響力的意見領袖，他們會幫助你傳播活動的核心資訊。

我曾經策劃過一次工業互聯網的論壇，本來只邀請了行業客戶，卻有二十多個政府部門的處長表示希望參加，而且堅持低調，不坐前排，不要桌卡，目的是為了領略世界領先企業在大數據方面的成就。

觀眾也是非常重要的活動組成部分，也許在觀眾中就存在著你意想不到的價值人群。

5・場地選擇

　　場地選擇任務繁瑣而艱巨，我們要找到能夠體現活動主題並且容量合適的地點。

6・時間選擇

　　主要考慮產品上市的時間，行業話題適宜討論的時間，長官空閒的時間，並且要與其他大型政治活動的時間錯開，等等。

7・活動文字和多媒體資料

　　為保證活動品質和後續傳播的效果，需要將活動材料準備好，比如邀請函、新聞稿、發言稿、產品宣傳片、開場影片、活動後現場圖片、影片、嘉賓發言速記稿等。

8・活動執行的資源：公關和活動管理公司

　　市面上有很多活動管理公司，他們擅長的領域、收費的標準各不相同。舉辦一次活動需要的費用報價範圍很大，為了減少溝通成本，我們需要事先將活動性質、規模以及預算範圍計畫清楚，這樣有助於我們更好地進行篩選和策劃。

9・活動預算管理

如前面所說，雇用活動管理公司、公關服務公司、訂場地、安排餐飲等都需要費用，在安排活動預算時，一定要給自己留 5% 左右的餘地，以防因意外情況突然追加預算。

１０・活動效果評估

可以透過三項指標判斷活動效果：直接轉換率（客戶當場就下了訂單）、銷售線索（客戶沒有下單但是表示了興趣，銷售人員可以跟進）、品牌影響力（客戶的回饋情況以及媒體對企業核心資訊的傳播情況）。

組織公關活動是品牌公關最重要的工作方式，它可以有效促進企業和產品核心資訊的傳播，提升企業聲譽。有效組織公關活動，也是對品牌公關專員素質和能力的全面檢驗。

核心創意亮點：讓活動更出彩
· · · · · · · · · · · · · ·

　　公關活動講究創意，我們希望通過公關活動，給活動參與者帶來美好的體驗與獨特的回憶。隨著市場的發展，公關活動創意不勝枚舉，想讓人耳目一新也就愈發艱難。喜歡這份工作的人，認為創意是一種刺激：當你絞盡腦汁仍毫無靈感，也許就在地鐵搖搖晃晃的節奏裡，吃火鍋把一片肉送進嘴裡的瞬間，或在淋浴間霧氣騰騰的模糊中，你突然靈光乍現，一個好創意就此誕生；那種激動與興奮只有你自己能夠理解。當然，再怎麼激動，也不要像古希臘學者阿基米德那樣，因為在洗澡時發現了浮力定律，不穿衣服就衝到街上。

[何種公關活動需要核心創意亮點]
　　可以說，創意是決定活動能否出彩的關鍵。什麼樣的公關活動需要核心創意亮點呢？大致有以下幾類：

1 · 產品發表
　　設計產品發表的亮點非常直接，就是圍繞產品特點、核心賣點做策劃。

　　2017 年 3 月，著名汽車品牌捷豹推出第一款賽車型 SUV（運動型實用汽車），他們在上海外灘用 120 噸重的鋼筋材料構建了一個 19 公尺高的世界最大垂直環形跑道。一名英國賽車手駕駛新車從雲霄飛車賽道上穿過，其中還有倒立行駛的瞬間，令人歎為觀止。這次發表會充分表現了新車卓越的操縱性，在視覺效果和活動規模上都是登峰造極。

類似花樣層出不窮，目前很多活動預算充足的汽車廠商，產品發表的亮點愈來愈豐富：新車穿越雲霄飛車；新車從天而降；新車從水裡冒出來；活動會場大幕拉開，後面是宏偉的沙漠；為了表現旅行車的內部空間，廠家向車裡塞進二十多人，他們像變戲法似的從車裡一個個出來……

如果是小企業，活動預算沒那麼充足，可以通過震撼的影片將產品呈現出來。

2．業務成就推介

和業務成就推介有關的公關活動包括：企業周年慶典、完成重要銷售指標的慶祝活動、獎勵有貢獻的人物的活動等，設計這類活動的亮點主要有三種思路：一是突出影響力、二是突出人物、三是兩者結合。呈現的方式也是以影片為主，實景和人物呈現為輔。

要突出影響力，可以表示出企業為多少使用者提供了服務，完成了多少件產品等。

「香飄飄」奶茶的廣告：「香飄飄奶茶，杯裝奶茶開創者，連續六年銷量領先。一年賣出 7 億多杯，連起來可繞地球兩圈！」將產品銷量用「連起來可繞地球兩圈」的方式表達，遠比生硬的資料更有衝擊力。雖然是廣告，但這種表達方式值得我們借鑒。

相較於突出影響力，突出人物其實更重要。單純展示生產能力無法連接人與人之間的情感。試想，如果在企業十周年、二十周年、一百周年慶典上，圍繞企業發展各個重要時期的場景、人物、故事、產品做一段影片，在活動現場播放，或者讓重要的人物、產品來到現場，可以引起多少人的共鳴。透過激發

觀眾內心的情感，不僅可以在現場取得良好效果，在活動之後也可以將活動精神繼續傳播。

　　德國漢諾威工業博覽會在 2017 年舉辦了七十周年慶典，其中一個德國家族企業七十年來從未缺席，現在這家企業的董事長是漢諾威展商委員會主席。慶典上展示了這位董事長七十年前跟著祖父、父親一起參加展會的照片。照片上的人物伴隨著展會一起成長，從側面展現了展會的發展，更加具有感染力。

3・建立夥伴關係

　　設計關於夥伴關係的亮點時，要重點表現出這種關係的程度，夥伴關係主要分為合資、合作、交易幾種層次。關係密切度愈高，表現形式愈正式。

　　比如兩家企業為今後三十年的合資舉辦活動，可以圍繞雙方企業的標誌性產品、logo、創辦人形象等展開策劃，呈現方式可以是影片或實景；如果僅僅是合約交易，可以讓長官在活動上簽約合影。但這個方法有侷限性：如果是大企業與小企業合作，小企業長官自然願意與大企業長官在臺上簽約合影，而大企業長官可能不接受這種方式。

　　我們經常能看到簽約活動中，幾位長官在臺上共同觸摸一個外觀華麗的球體。當長官們的手碰到球時，馬上鼓樂齊鳴，鞭炮齊放，或者大螢幕出現主視覺，一片歡騰。摸球環節的好處是可以讓很多人同時參加，但弊端也很明顯：陳舊俗套，觀眾已經審美疲勞。不到萬不得已，盡量不要使用這個方法。

[亮點創意的原則]

在以上三類活動中，創意是關鍵；但我們在策劃時，首先要考慮活動的主題和目標，切忌自以為是。所以在設計亮點時，可以參考以下幾個原則。

1・突出主題

不要為了花稍而做亮點，所有環節都應緊密圍繞主題進行，**亮點若與主題大相逕庭，搏來的眼球並無價值。**

2・政治正確

根據長官的政府級別和行業影響力為他們安排正確的位置，每一位嘉賓和長官都應被安排在合適的座位。這一工作有時極為繁瑣，我就曾經為了活動前三排嘉賓座位的排法，跟團隊開了總長七八個小時的會，有人參與電話會議，一直打到手機沒電，耳朵發熱。到了活動現場，還會出現因嘉賓換人需調整座位的情況。品牌公關舉辦活動時隨時留意變化、全天備戰的狀態令人疲憊至極，但這也是保證活動成功的必要準備。

3・技術控制

核心創意亮點要保證技術實施時能夠掌控。在一場企業發表會上，長官沿著鋼索從天而降，落地後卻解不開帶子，全場觀眾眼看著一群工作人員衝上去給長官「鬆綁」。原本精妙的瞬間演變為一場尷尬劇，好創意帶來的成功化為泡影。

有一次我策劃活動，亮點就是長官觸球，沒想到這樣簡單的環節也出事故。當時，長官的手已經觸碰球體，透明球內的燈也開始閃爍，音樂順勢奏響，但最重要的主背板 logo 燈卻還是一片黑暗。我立即從台下跌跌撞撞地跑到背景板

後面的控制台，大喊了一聲：「開燈！」懵懵懂懂的工作人員才推動按鈕，燈終於亮了。

　　原來，活動公司連夜搭建舞臺導致人員太累，控制燈的工作人員在關鍵時刻居然睡著了。後來同事告訴我，那個時候他們在全場各個角落都聽見了我「開燈」的叫喊。我檢討沒有在活動開始前檢查好各個環節的工作，導致活動在關鍵時刻出了紕漏。

4・持續傳播

　　活動亮點最好能形成好的畫面，便於事後傳播和歷史存檔。活動管理公司往往注重現場的效果，但從品牌公關的角度出發，我們還要讓活動的價值持續傳播下去。

　　比如有些活動現場煙霧繚繞，臺上如夢如幻，但拍出來的長官照片面部模糊如同鬼魅，這樣就不方便做後續的傳播。所以，我們在設計品牌公關活動核心創意亮點時，要**讓亮點有一個清晰的定格瞬間**。

為活動取一個讓人印象深刻的名字

‧ ‧ ‧ ‧ ‧ ‧ ‧ ‧ ‧ ‧ ‧ ‧ ‧ ‧ ‧ ‧ ‧ ‧ ‧

首先要明確一個概念，品牌公關活動的名字是對事件主題的提煉。什麼是事件？「寶馬5系上市會」、「iPhone8發表會」、「騰訊和京東戰略合作簽約儀式」等，都是事件，對這些事件主題的提煉概括就是活動名字。比如「相約在春天──中山大學溫哥華校友會周年慶典」活動，「相約在春天」就是品牌公關活動的名字。

為什麼要給品牌公關活動起名字？當然是為了讓人更容易記住，那麼我們在命名時，就應該注意以下原則：

[活動名字不宜過長]

邀請函及背景板的名稱要簡化，比如「土地狼集團和獨眼貓有限公司全面戰略合作協定簽署儀式暨貓糧生產基地奠基典禮暨雙方攜手收購美國鑽天蛇寵物連鎖商店意向書簽約儀式」，字太多了，請柬和背景板都寫不下，所以要給活動起個類似這樣的主題名字：「狼貓聯手闖天涯」。

[與同類活動有效區分]

有些年度活動，比如公司2016年家庭日、2017年家庭日、2018年家庭日……每年主題都應有所不同，所以要加上「英雄聯盟」、「激情跳跳彩」、「深冬樂活島」這種能夠表現主題的名字。

[突出產品和活動的核心資訊]

無論產品發表會抑或會議論壇，都有一個活動主題，名字就要圍繞主題來

取。比如美容機構的發表會叫「活於心，美於身」，網路私人教育機構的發表會叫「讓教育慢下來」等，這些都是簡潔有力並能夠突出活動主題的好名字。當然，如果事件名字和活動名字能融為一體最好，比如「淘寶造物節」。

著名行銷人「李叫獸」（李靖，曾任百度副總裁）論述過 X 型與 Y 型兩種文案，比如描寫耳機音質好，X 型文案是「聲聲震撼，激發夢想」，Y 型文案的寫法是「猶如置身音樂會現場」。如果我們打算策劃一場耳機發表會，你會選擇哪個文案？

其實最好的方法是兩者結合，舉辦品牌公關活動與撰寫廣告文案都是為了製造最好的傳播效果，引發購買行為和價值認同。但品牌公關活動應用的場景不同，既要能夠體現企業的品牌特性和活動的儀式感，還需考慮參會長官的感受，所以我們要避免 X 型文案的空洞，在 Y 型文案的基礎上加以雕琢。

[適合在正式場合呈現]

因為活動名字要以正式的方式在背景板、邀請函上呈現，所以不能太過隨意，通常可以採用以下四個方法取名：

1・對整結構

對整結構有三字句、四字句、多字句之分，比如「博於芯，速於型（汽車品牌）」、「測商旅，贏美金（信用卡品牌）」、「放心換新，不二之選（二手車活動）」、「窮高極遠，而測深厚（危機公關研討會）」等。

2・多加少、少加多結構

多加少結構，比如「多樂士幸福家庭，多彩開始（油漆品牌）」；少加多結構，比如「執著匠心，鑄就每一次精彩（銀聯 ATP 網球大師賽）」。

3・單字結構

比如「融——未來（融資機構）」。

4・諧音

諧音在活動名稱上運用得十分普遍。比如「行祺道，試鋒芒（廣汽傳祺）」「米到上海」（首批上海米其林餐廳名單揭曉活動，其中「米到」在上海話中表示「味道」，同時隱喻米其林來到上海）等。

在使用諧音方法為活動取名時，應避免重複，比如「為愛約惠」就出現在多個品牌的活動上，重複更多的諧音名字是「馭見未來」，赫斯特出版集團、奧迪、捷豹、富豪，還有吉諾集團都用過。所以在起名時，應儘量避免這類大眾化的諧音。

5・有利於後續傳播

名字要適合在活動之後持續傳播，或在其他傳播場合應用。我在 GE 公司工作時的業務主題是工業互聯網大數據，由此設定傳播主題——「當智慧遇上機器」，為保證持續傳播、便於搜索，我們在網頁、新聞稿以及大型活動中，都採用「當智慧遇上機器」這個名字。此外還有一個主題是與中國企業合作，共同開拓海外市場，名字是「源中國，匯全球」，以中國為基礎，彙聚全球資源，共同開疆擴土。同樣，大型論壇活動使用的也是這個名字，簡明有力地呈現出活動主題。品牌公關活動的名字既要說明品牌傳遞核心資訊，又要大方體面。

只有在我們真正進行策劃時，才能意識到這可能是一個比寫文案更難的工作。一個好文案可以反覆使用，而活動的名字卻不能雷同，我們還要保證每個名字的品質。雖然任務艱巨，但當你想出一個讓人叫好的名字時，那份成就感與自豪感是無可比擬的。

關於活動名字和背景板，分享一則小故事。

很多年前我的美國老闆問我：「為什麼活動要做背景板？為什麼背景板上要寫那麼多字？」我回答：「因為我們活動太多，如果沒有背景板，拍出來的照片不知道是哪一個活動上的。」

還有一個理由我沒有說，國外的活動基本上沒有名字，只有類似「iPhone8 發表會」這樣的事件名，這是因為外文不像中文這樣博大精深，一字多義，一句萬言。

撰寫邀請函：
為公關活動打響「開頭炮」
· · · · ·

在品牌公關活動的整個過程中，有一頭一尾兩個重要的客戶接觸點，它們首尾呼應，在公關活動中起到畫龍點睛的作用。這兩個接觸點分別是，讓客人們在活動開始前收到邀請函，在活動結束時得到一份禮品。

目前公關活動發出的邀請函有三種：紙質邀請函、電子邀請函和實物邀請函。

[紙質邀請函]

大家可能會問，現在還需要用紙質邀請函嗎？的確，紙質邀請函浪費資源且易丟失，但有三種情況需要用到紙質邀請函。

1·政府部門主辦，或是活動地點在政府部門主管的場所。

如在人民大會堂、釣魚台國賓館等地舉辦的活動，以及外國使館舉辦的活動，都需要紙質邀請函。這類邀請函不需要華麗設計，主要作為通行證使用。

2·邀請部門具有獨特的身分和印記，或者活動本身具有特殊意義。

這類情況的邀請函可以作為紀念品留存，比如北京奧運會組委會的特別晚宴、夏季達沃斯論壇開幕式招待會、帶有獨特歷史標誌的傳統產品活動等。

3·創意紙質邀請函，將活動主題融入邀請函的設計中。

比如異形邀請函，打開以後是某種跟產品相關的造型，比如一個高爾夫球、一個我們小時候玩的東南西北不同層面的疊紙（如圖 4-1 所示）等。

圖 4-1
創意邀請函

[電子邀請函]

現在使用次數最多的無疑是電子邀請函。它的好處是：可以包含更詳細的活動資訊和背景資料；可以更改活動資訊；有更多的設計空間做美化；可以獲得使用者資訊，為銷售轉換創造基礎。

最常見的電子邀請函是 H5[註]，它可以包含多個頁面，呈現品牌資訊、產品資訊、活動細節等，有的還加入了企業主管的影片或者語音。被邀請人在頁面上完成個人資訊，送出後會接到確認通知。

[註] H5，指「HTML」（超文體標記語言）的第 5 個版本，即一種新的網頁形式。─編者注

[實物邀請函]

此外，還有一種邀請函的形式是實物。如果你是零食生產商，可以寄一小袋產品給客人，在包裝上印上活動邀請函的 QR Code；如果你是電子產品製造商，可以送一個多功能手環給客人，客人透過手機掃描手環上的標誌得到多媒體互動體驗，聽到公司 CEO 的邀請語音等。

以上三種邀請函各有千秋，我們可以充分運用 H5 這樣使用方便、資訊含量豐富且便於蒐集客人資訊的電子邀請函，也可以根據活動的特殊性和創意需求，選擇紙質邀請函或實物邀請函。

無論邀請函是何種形式，邀請函都需要寫清楚以下內容：正確的稱呼、活動名稱、時間和地點、原因和背景、對被邀請人或部門的特別認可、對被邀請人的期待（希望對方參加或者進行特別發言等）、活動流程、活動連絡人。

假設插坐學院要邀請政府長官參加一個關於創新創業的研討會，邀請函的主體內容可以這樣寫：

> 朝陽區商委、區教委：
> 專注職業培訓的創業企業插坐學院將於 9 月 20 日（星期三）下午三點在我司辦公室舉辦「互聯網職業培訓的機會和困局」研討會，我們將邀請政府長官和職業教育工作者、互聯網技術公司和企業人力資源部代表共同探討互聯網時代職業培訓的新思路、新方法，以及促進行業發展所需要的政策支援。

開頭一段包括邀請函的稱呼、活動主題、時間和地點這幾個要素，一定要讓被邀請方第一時間掌握活動的主要資訊，不要長篇大論意義不明。

在撰寫邀請函的過程中，需要注意以下幾個方面的問題：

[使用正確的機構名稱和習慣性簡稱]

在進行品牌公關時，我們多數情況下不跟特定的政府部門打交道，但舉辦活動時需要有關政府部門參加。所以撰寫邀請函時，一方面要多請教他人，另一方面要到政府官網上查看，必須正確運用簡稱，比如商務委員會可稱為商委，教育委員會可稱為教委，務必避免錯誤。

[使用正確的稱呼]

要寫出被邀請人的正式稱呼，比如「尊敬的晚霞區教委彭德超處長」。

對既有學術頭銜又有官銜的人，寫邀請函時最好在開頭將兩個頭銜一併寫出，在下文多用學術頭銜，比如「插坐大學副校長張志偉教授」，後面提到被邀請人的時候，再用「張教授」這個稱呼。

對於副職，我們要特別注意，在非正式場合，我們可以把「副」字去掉，比如劉天一副市長，我們有時就稱其為劉市長，但是在邀請函以及正式的活動中，還是要稱呼劉副市長或天一副市長。

對於外國人，我們常遇到的情況是請大使館人員參加活動，注意大使「Ambassador」這個稱呼與教授、博士一樣，可以終身使用。對擔任過駐外大使的中國人，除非他有更重要的行政職務，否則我們都可以稱之為「尊敬的大使」。

需要我們特別注意的是對英國人的稱呼，比如稱呼英國的博士 Doctor，簡寫「Dr」後無需加點。英國還有複雜的爵位制度，如果有所涉及，我們一定要整理清楚。

[表明邀請的背景與原因]

邀請的背景與原因是被邀請方最希望了解的，以下為例：

根據政府××部門公布的最新資料，職業教育的提升將決定人才發展、消費升級和經濟可持續發展的未來。插坐學院以「職位基礎技能」為核心的課程體系服務數十萬職場人，為互聯網職業培訓行業創造了政府、技術公司、企業用戶和學員共贏的生態環境，我們期望得到政府進一步的戰略指導和政策支持，共同推動行業發展和朝陽區的經濟增長。

然後是「對被邀請人或部門的特別認可」，表明區商委、教委對插坐學院的支持，引出特別邀請這個部門的領導參加論壇的原因。

插坐學院自創立以來，得到了區商委、區教委的大力支持。我們在發展的過程中，遭遇了各式各樣的挑戰和困難，尤其在經營和教育領域，得益於區商委、區教委的悉心幫助與引導，插坐學院安全渡過了難關。區商委、區教委經得起考驗的專業知識與為人民、為社會、為企業的精神是我們學習的榜樣。

[表明邀請人的預期發言內容]

再往下的段落，寫出希望被邀請的長官講話，以及對講話內容的期待。

參加此次活動的職業教育工作者、互聯網技術公司和企業人力資源部的同志們都是滿懷夢想、渴望成功的人，我們希望了解當今社會職

業培訓的發展與機遇，並期待像區商委、區教委領導這樣具有政策和行業高度的人指點迷津。

　　我們一致認為，區商委、區教委的撥冗出席，能讓我們受益匪淺。同時，也相信當今社會的年輕人的拚搏衝勁與奇思妙想，也會讓各位長官耳目一新。

[注明活動流程和連絡人]

最後寫明活動的流程以及具體日程和地點的安排，比如下午三點至三點半為長官致詞等。

　　會議時間：9 月 20 日（星期三）下午三點，會議地點×××，聯繫方式：×××，連絡人：×××

　　敬請光臨

　　插坐學院
　　××年××月××日

　　我們要特別注意的是，活動連絡人的人選。如果連絡人是助理或實習生，那就非常不妥。面對政府長官，連絡人最好是對政府運作有經驗的政府關係部高階主管。我們在進行品牌公關時，一定要有專人對接。

禮品策劃：
精雕細刻不如奇思妙想
• • • •

知道如何製作邀請函後，我們來了解如何策劃公關活動的禮品。公關活動策劃的模板上，禮品是一項必不可少的內容。先回想一下，在你參加過的活動中，曾經收到過哪些令你愛不釋手的禮品？又有哪些禮品令你不屑一顧？當你在心中有了答案之後，讓我們來具體探討公關活動禮品策劃的主要步驟，和需要注意的一些問題。

[讓禮品與品牌有明確的關聯]

建立關聯，能夠說明你達到品牌傳播的目標，有三種方式可以幫著建立關聯。

1‧產品本身

洗髮水、巧克力、食品、調料這類產品的新品發布，都可以將產品作為禮品。不僅切合活動主題，更可以進行產品推廣，蒐集使用者回饋。但要注意在產品包裝上增加一些設計，讓禮品看起來更加得體。

2‧明星代言

如果有明星代言，禮品可以圍繞明星的形象進行選擇，比如富有藝術感的明星海報等。

3‧主題關聯

尋找活動主題與禮品的關聯。

　　我曾經策劃過兩個公關活動，一次是公司贊助中國花式滑冰隊，在活動上公司請冠軍們給客戶和家屬做專場表演，然後邀請客戶的孩子們上冰與冠軍一起做遊戲，由專業攝影師拍下申雪、趙宏博、龐清、佟健這些大明星與孩子們的合影，活動後送給客戶，受到了一致好評。

　　還有一次清潔能源活動，我與禮品公司一起設計了一種太陽能迷你風力發電機模型，有光照的時候，風車就會轉動起來。這兩個禮品都是緊緊圍繞活動主題進行策劃的。

　　以上三點是我們建立品牌與禮品的關聯度的方式，除此之外我們還需要注意以下幾個問題：

1・創意為先，實用為輔

　　我們常聽到這樣的說法：「別費腦子了，送點實用的吧。」觀點是正確的，但是否實用是一個主觀判斷，我們無法做到讓所有人都感到實用。我參加過一個中國大型企業的慶典活動，收到的禮品是飛利浦刮鬍刀，明顯的問題是：女性客戶怎麼想？沒有老公或男朋友怎麼辦？飛利浦與主辦方的品牌有什麼關聯度？

　　所以，當我們選擇送實用型禮品時，僅僅在包裝上體現出主辦方的 logo 還不夠，還要保證禮品與品牌有所關聯，比如清潔能源活動送新型延長線插座，二者之間就有一定關聯。

2・讓禮品自帶話題

　　社交媒體時代，我們常用的一個詞是「自帶話題」；產品包裝也可以「自帶話題」，讓人和產品具有傳播性。

　　我有個旅行家朋友，每到一地都給大家寄明信片。某次她去了北極圈

附近的聖誕老人故鄉，當地有個說法，在紅色郵筒寄出明信片，收信人一定會在耶誕節前收到它。假設大家都收到這樣的明信片，多數人會通過社群平台分享自己的喜悅，這對旅遊目的地來說，是很好的推廣。

在參加公關活動時，幾乎所有的客戶都希望被特別對待並且期待得到驚喜。讓公關禮品自帶話題，使客戶得到滿足，產品就容易被傳播出去。

3・讓禮品具有稀缺性

各種限量版的產品之所以被人追捧，主要是因為稀缺性帶給購買者自我滿足感。如果公關活動禮品是寫了客人名字的 Moleskin[註] 筆記本、公仔或者明星簽名的相框，客人一般不會馬上丟掉。

比如一家公司的活動，尊貴的客人在門口手寫名字簽到，活動管理公司用3D 列印技術把簽名嵌在透明材料裡作為禮品送給客人，整體上別出心裁，個體上又迥然不同（如圖 4-2 所示）。

圖 4-2
禮品創意

註 20 世紀就已經流行的一款筆記本，許多名人都使用過，像梵谷等。

下面這個表格，可以為大家在策劃公關活動選擇禮品時，提供參考（見表4-1）。

活動類別	內容範例	可考慮的方向	需避免的方向
產品發布	新車型發布；升級晶片發布；新款手機發布；超聲醫療設備發布；品牌代言人發布	車模（限小型活動）；加實用功能的產品的迷你模型；明星創始人簽名的筆記本；品牌代言人簽名的照片	預算過高的禮品；難以操作的禮品（明星手簽過多）；分發過於複雜的禮品（如百人以上活動的個人定制禮品）
資訊發布 企業樹立意見領袖	大數據應用白皮書發布；智慧製造指數發布；消費者趨勢調查報告	與行業相關的實用禮品（如洗髮水套裝）；與思維思考相關的禮品（如精美筆記本、筆）	同上
客戶招待	年度答謝會；國外高階主管來訪與客戶見面會	體現公司文化的書（創始人傳記、公司發展歷程等暢銷書）	注意不要違反政府關於活動費用標準、禮品標準的規定，主要針對國企和國企客戶

表 4-1 —— 公關活動禮品參考

[透過有效的管道採購禮品]

好的公關活動禮品要怎樣準備？企業有決策權，公關公司有建議權，但真正落實要靠供應商。如果用自己的產品當作禮品，那麼考慮的問題就少很多；如果不用自己的產品，可以從三種管道採購禮品。

1・禮品公司

優秀的禮品供應商擅長滿足客戶多變的需求，他們可以迅速提出合理報價，保證交貨速度。他們擁有廣泛的供應商網絡和強大的議價權。有些小型禮

品供應商會更專注，比如專長做工藝品、小電器、韓日風禮品、運動服裝等。

2‧電商

電商是最方便的管道，你需要的產品，基本都可以在電商中找到，並且下單方便，適合成品採購。

但電商的弊端在於，無法保證定制化設計的品質，哪怕僅僅是定制包裝都不甚理想，因為電商可能沒有專門人員來做這方面的事情，小電商此類情況更多。

3‧藝術家工作室

藝術家工作室是創意工作室和小型作坊的統稱。隨著消費升級，職業愈發個性化。我曾有幸遇見著名藝術家、參與《阿姐鼓》創作並演唱主題曲的朱哲琴老師，她做的創業品牌「看見造物」（見圖 4-3，參見 P127），將民族地區的傳統藝術用設計的元素推向市場，所獲利潤部分用於民族工藝的保護。

公關活動選用這樣的禮品，不僅富有藝術氣息，還具公益性質。

[保證禮品策劃符合預算要求]

1‧梯級預算

為了防止老闆和客戶抱怨禮品太差，事先提供超出預算的好方案，讓長官抉擇是否追加預算。

2‧嚴格控制

對供應商控制預算，爭取在預算範圍內做到最好。

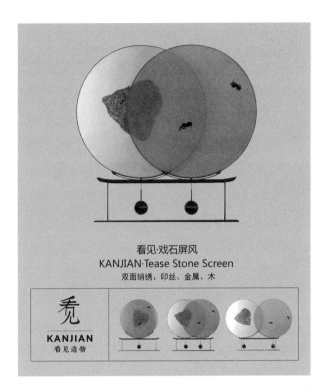

看见·戏石屏风
KANJIAN·Tease Stone Screen
双面绡绣、印丝、金属、木

KANJIAN
看见造物

圖 4-3
「看見造物」

3・多用創意

用創意彌補費用的不足，精雕細刻不如奇思妙想，好創意永遠珍貴。

2010 年上海世博會舉辦期間，正值美國政府資金緊缺之際。世博會結束後，美國館被拆掉，美國政府為了感謝贊助商，感謝無數的義工，把美國館拆下的鋼梁碎成小塊，嵌到鏡框裡，然後寫上一段說明和感謝語，送給贊助商和義工。

這個鏡框我至今還珍藏著，有時還摸著它回憶 2010 年那個漫長的夏天，我在世博園頂著烈日帶客戶參觀的情景，還有時任國務卿的希拉蕊與我親切握手的場面。

這份禮物雖然成本低廉，但對於所有參與其中的人來說，意義非凡，是能夠保存下來的好禮物。

[其他細節問題]

最後，我們再探討一下進行公關活動禮品策劃時需要注意的幾個細節問題。

1・禮品袋的製作

這一點常常被企業忽視，差不多每個企業都會準備可用於各種場合的長方形紙袋，這便於批量採購以及控制預算。但從傳播效果來看，獨特的禮品袋才是最好的傳播媒介。

2・禮品的分發時機

原則上，我們主張在活動結束時發禮品，讓客戶關注活動本身的內容。禮品只是對內容的加強和延伸。

3・創造力

禮品策劃也是創意能力的一部分，不斷提升創意，使每次活動都能有所不同，增加自己的閱歷，培養自己的審美，這正是品牌公關的魅力所在。

妥善安排嘉賓座位
· · · · · · · · ·

重量級人物出席品牌公關活動，是對企業品牌的莫大信任。為了不辜負這份信任，使活動圓滿舉行，讓長官和嘉賓在現場和宴會上得到應有的禮遇，至關重要。這也是我在二十年品牌公關的工作生涯中，感到最難的事情之一。本節就讓我們探索座位安排的玄機。

座位的安排主要依照以下原則：行政級別原則、地位對等原則以及身分關聯原則。

- **行政級別原則**：級別愈高，座位的位置愈顯赫，一般都是居中的位置。
- **地位對等原則**：主客之間、客人與客人之間，他們的級別、資歷、客人與主人關係親疏等都是需要考慮的因素。地位相同相近的人，原則上座位應該安排在一起。
- **身分關聯原則**：在上面兩個原則得到優先考慮之後，還可以使用身分關聯原則，把有密切關係的主人和客人的座位安排在一起。比如把公司負責某一客戶的經理與客戶安排在一起。公司的首席技術長，與政府科委的長官坐在一起，一方面可以讓長官得到周到的照顧，另一方面也可以讓他們交流業務。應用這個原則有強烈的主觀性，也容易出錯，比如活動負責人認為某兩個客人都是同一行業的，應該有共同語言，而把他們座位排在一起，但可能不知道他們兩家公司昨天還公開互相指責，即使為了面子，他們也不想在公開場合表現得談笑風生，坐在一起非常尷尬。

接下來我們從三個具體的活動場景來分析。

[禮堂式活動]

禮堂式活動擺放座位時，一般中間留出通道，在兩邊排座位。以 A 為主人，
B 為客人舉例，有兩種排位方式。

1．**主客分坐兩邊，愈靠近中間的人級別愈高：**

B5，B4，B3，B2，B1 — A1，A2，A3，A4，A5

以中為尊是基本原則，愈重要、級別愈高，就愈靠中間。

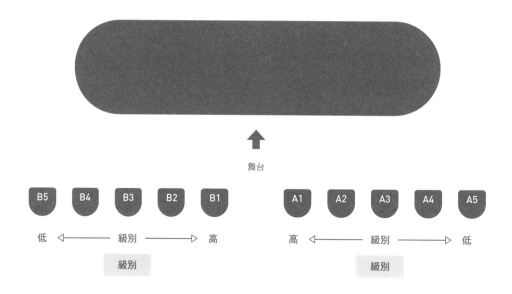

2‧面向舞台，雙方交錯排位：

B5，A4，B3，A2，B1 — A1，B2，A3，B4，A5

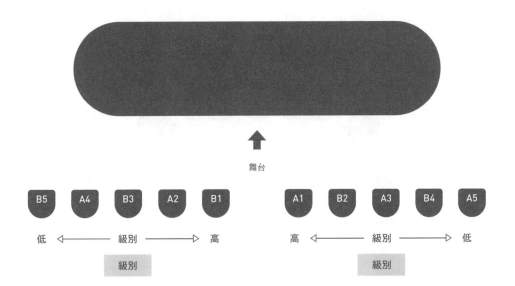

　　與第一種安排相比，這樣的座位排法更適合主客之間交流，不方便的一點是，有時候雙方出席人員級別和人數不完全對等，比如主人一方有董事長、總裁、五六個高級副總裁，客人一方的高階主管只有總裁、兩名副總裁三個人，如果這樣 AB 交叉排位，主人一方級別很高的長官就會跟客方一名級別不高的人坐在一起，略顯不妥。所以不如像第一種排位法那樣，主方人員按順序一字排開，客方也是一字排開，客人的順序是按照他們提供的名單順序排的，對活動主辦方絕對沒有風險。

[**雙邊會見**]

原則是以客為尊，從對面看過去，客人在左邊，主人在右邊，雙方按照級別依次排開（如圖 4-4 所示）。

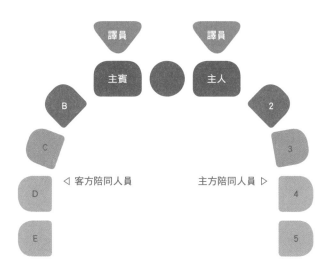

圖 4-4
雙邊會見座位圖

2001 年馮小剛的電影《大腕》中，有個場景是路易王會見 Lucy，路易王是主人，卻坐在了左邊（如圖 4-5 所示）。儘管場景看上去十分正式，但座位的錯誤讓人感到有些怪異。

圖 4-5
《大腕》電影場景

[宴會]

宴會分為圓桌和方桌，通常圓桌更普遍一些。

圓桌的排位有兩種：

・一是主人在中心，客人 1 號和客人 2 號分坐在主人兩邊，然後主人 2 號與 3 號、客人 3 號與 4 號依次排開（如圖 4-6 所示）。

 代表主方

代表客方

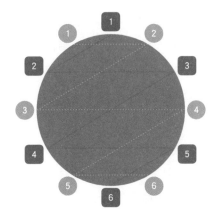

圖 4-6
圓桌排位方式之一

二是主人 1 號和主人 2 號分別在圓桌兩頭，客人 1 號、2 號在主人 1 號左右，客人 3 號、4 號在主人 2 號左右（如圖 4-7 所示）。

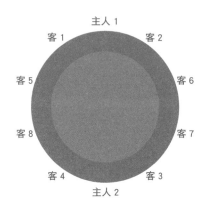

圖 4-7
圓桌排位方式之二

在宴會上，我們同樣可以用身分關聯原則。如果大家希望在飯局上談工作，排座位時，就把業務關聯的兩個人放在一起，這樣能達到更好的交流效果。

如果宴會桌是方桌，可以讓主人和客人分坐兩邊，1 號在正中間，2 號在 1 號左邊，3 號在 1 號右邊，以此類推（如圖 4-8，參見 P135）。

除了以上三個場合，還有一種比較特殊的場合，那就是多邊活動。多邊活動中，各方的客人都聚在一起，你要根據他們的綜合狀況，包括行政級別、資歷、對企業的重要性、人物間的關聯等多種因素來決定座位的排法。

[既保持原則，又靈活機動]

我在多元化業務企業任職時，每次策劃幾百人的大活動，都很頭痛如何排座位。每個業務部門的客戶都重要，同時還有政府長官、公司內部長官。我們

圖 4-8 —— 方桌排位形式

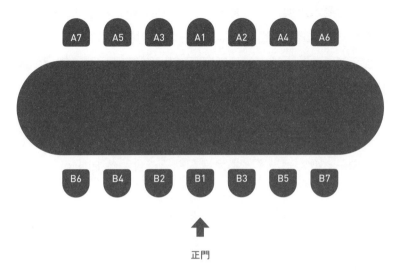

正門

註：A 為上司長官，B 為主方席

4

公關活動管理

經常要給坐在前三排的上百名嘉賓排座位，第一排最中間的幾個座位比較好安排，愈向下延伸愈難。第一排邊緣還是第二排正中讓嘉賓感覺更好一些？我更傾向於中間。但這其實因人而異，無法下定論。

　　介紹完了這些活動場合，我們來了解排座位的具體方法：做大活動，排座位應該分成三個階段。

　　1‧根據客人的初步確認情況排出初步座席。
　　2‧活動前一天，根據客人最後的確認情況排出最終版本，並製作名卡。
　　3‧活動開始前，專案負責人根據現場情況進行最後微調。

最後一項非常考察專案負責人的能力，有時個別嘉賓臨時缺席，那就要馬上調整；有時將排位圖事先發給一些嘉賓後沒有人反對，但嘉賓到了現場後發現座位不合心意要求調換，這可是牽一髮而動全身的事，一個位置的改變會導致所有位置都要進行調整，稍有不當就會在現場引發混亂。

我們在策劃活動時，最大的挑戰就是應對臨時變動，沒有極大的耐力和定力，將很難處理這些變化。

北京奧運會期間，我服務的 GE 公司全球董事會成員到北京看奧運。我們在人民大會堂舉辦了一場大型客戶招待會，參加的一百多人都是國企和大型民企的 CEO，還有政府官員和大學教授。

來自美國的董事會活動協調部門要我們提前兩周把所有座位排好，為每一位客人訂制一張精美的介紹材料，寫上與他同桌的所有客人的名字，還有緊挨著他的兩個客人的詳細個人簡歷。

這樣的想法雖然很好，但我們向美國同事解釋，提前製作材料並不可靠，因為中國客人不到最後一刻不會正式確認出席，即使是確認了也會發生變化。比如某家公司 CEO 缺席轉而由副總代表出席，那提前準備的個人介紹資料就作廢了。我們能做的，就是在變動之後，用最快的速度將秩序恢復。最後，我們還是根據活動頭天晚上客人的確認情況，當天臨時擺放、調整座位，我們發現一位剛確認參加的中國國企長官跟公司一位董事都是耶魯大學畢業的，便把他們兩人的座位安排在了一起。

以上就是座位安排的具體方法。座位安排是公關活動最難處理的問題之一，我們要遵循行政級別、地位對等和身分關聯三個原則，並對公司業務、社交禮儀、老闆的習慣、客人的習慣等有絕對清晰的認識。當然，更重要的是應變能力。計畫趕不上變化，我們要眼觀六路、耳聽八方，遇到問題第一時間妥善解決。

像照顧孩子一樣照顧嘉賓
· · · · · · · · · · ·

一般來說，活動的嘉賓通常都是地位較高、成就較大的人，所以為他們提供周到的服務是對他們應有的尊重。我們作為活動策劃者，做好嘉賓的招待服務工作，不僅能樹立良好的企業品牌形象，更可以為我們自身的形象加分。

[嘉賓的身分類型]
嘉賓的招待服務工作涉及幾個方面，首先我們要明白嘉賓的身分有哪幾類。

1 · 行政級別比較高的人
對小企業來說，打交道的可能是政府的處長；對大企業來說，可能是市長、省長或者部長。

2 · 在專業領域聲譽很高、影響很大的人
比如專家、學者、記者。

3 · 公司內部的長官
上面這三種都是舉足輕重的人物。有時你會感覺他們譜兒大，是因為他們會有這種意識：「我不是為自己，我代表某級政府。」、「我不是為自己，我代表某個行業。」所以我們在活動中，要提供符合他們身分地位的接待方式。但無須壓力過大，因為**他們有兩個普遍的弱點：怕自己被輕視，怕自己做錯事。**

[嘉賓招待的標準]

愈是重要的人愈不能有任何差池。所以作為招待方要在活動中幫助他們規避錯誤，比如提供充分的活動資訊、細緻周到的後勤服務等。有時你覺得嘉賓看起來很難接近，但其實他們很簡單，需要你的照顧。

照顧的標準參考兩項：一是嘉賓的行政級別規定他能夠享受的待遇，二是行業和他本人約定俗成的待遇標準。

不同行政級別對應的待遇，政府有明確的規定，要按級別選擇飛機艙位以及飯店，此外，中央還審議通過了「八項規定」。

約定俗成的待遇很難把握，比如有些行業的記者存在地位劃分，有一定影響力的大牌記者會要求某些特殊的待遇，比如飯店單人房間、飛機商務艙等。如果不清楚，可以多向相關人士請教。

[站在嘉賓的立場，我們需要做什麼]

確定好給嘉賓的待遇標準，接下來讓我們換位思考，從嘉賓參加活動的視角，看我們應該做好哪些事情。

1・出門前準備（主要是服裝）

難道嘉賓穿什麼衣服我們也要管？沒錯，嘉賓的著裝是必須要提醒落實的。在西方國家參加活動，邀請函會把著裝要求寫得很清楚，如禮服、正式公務裝、公務型便裝、便裝、主題風格服裝等。我們同樣如此，一定要提醒嘉賓注意著裝。很多嘉賓不注意這些細節，穿著很隨意地出現在西裝革履的人群中，顯然十分尷尬。

有家企業舉辦活動時，剪綵的長官都穿西裝，可是有位長官剛出完差直接從機場趕來，沒帶西裝，助理就問好長官的型號，在附近的商場買了件西裝等他。

我在外商工作的時候，外國人偏好穿西裝。一次夏天去參加客戶的活動，長官們一下車，我們就讓他們把西裝外套和領帶都脫掉，只穿襯衫進去。因為我們早與客戶協商完畢，舉辦活動的室內按國家標準溫度調到攝氏 26 度，如果穿全套西裝、打領帶，太熱。最後大家都穿著襯衫，既不會顯得突兀，合影時也整齊劃一。

2·出行安排

出行安排包括本地交通，飛機、火車等長途交通，接機接站，住宿，餐飲等安排。

我們要特別注意接機接站，需要嘉賓到外地出差時，國內企業的服務一般十分周到，都是派公司的專人專車接送；外商有時不是很在意，會讓飯店接送嘉賓。

在我策劃某個活動時，同事告訴我某位政府研究機構的專家發火了，說他應邀而來，在機場卻沒有人接，到了飯店也沒有飯吃。

我立刻了解情況，發現是因為公司的人手太緊缺，就讓飯店派了最好的車去接，但飯店經理走錯了路，沒能接到長官。

我接著詢問：「飯為什麼不安排好？」同事說：「我讓長官去餐廳自己點餐，所有費用由公司承擔，但是被他拒絕了，他說他吃過了。」

我聽後便明白了，這體現了重要人物的基本心理——怕被輕視。其實從傳統禮節的角度來講，不管嘉賓是否要吃飯，用餐時間一到，邀請方一定要安排嘉賓就餐。如果嘉賓推辭也要繼續安排，而且要安排相應級別的長官陪同。無論嘉賓用餐與否，我們應該做的一定要做到位。

3・活動現場安排

現場安排有三項基本工作。

1・準備嘉賓發言稿、發言時需要播放的 PPT 或影片。為嘉賓提供的麥克風、翻頁器等設備都要確保正常。

2・安排好嘉賓的座位，主要按照前面講的行政級別、地位對等和身分關聯三個原則，安排嘉賓座位。

3・幫助嘉賓與人交流，作為東道主，要起到紐帶的作用，將客人們一個個串聯起來。一般這樣的交往會發生在活動開始前的貴賓室。

在我主辦活動時，每當一位嘉賓到場，我會先把他介紹給我們公司的長官。當公司長官跟這位嘉賓開始交流時，再把原來可能落單的嘉賓介紹給其他客人。為客人互相介紹，應成為品牌公關人的基本意識和習慣。無論是在公關活動中，抑或是與記者們吃飯，都要活躍氣氛，引導話題，讓每一位客人都不覺得被冷落。

4・活動後跟進

活動結束後，對嘉賓持續跟進十分重要。如果沒有業務往來，可以公司長官的名義給嘉賓寫一封感謝信。如果有業務跟進，在信中表明對合作的看法。為參加活動的嘉賓發去活動照片、演講的回饋資訊等也是必不可少的一項。活動後跟進可以幫助我們對活動進行持續傳播。

總體而言，對於嘉賓應受的待遇，要考慮他的行政級別和嘉賓在行業中約定俗成的待遇以及個人要求。在接待嘉賓的過程中，要從他的出行前準備、路途中、現場和活動之後幾個主要階段考慮他的需求。這些需求細碎繁雜，非常考驗品牌公關人員的意識和能力。

確保長官對外交往的效率與安全

· · · · · · · · · · · · · · · · ·

我在 GE 擔任公關經理期間，央視二套舉辦了一個座談會，準備參加的都是汽車公司的主管。但當我為自家公司的長官安排這項行程時，他並不想去，因為參加座談會的都是不知名企業，沒有與通用公司平起平坐的大公司。

在當時，我認為自家長官級別最高，自然待遇最好，電視台採訪給的鏡頭也最多，豈不很合算？後來我才明白，長官的想法恰恰相反：長官更注重級別對等。

[為長官安排活動的原則]

因此，為長官安排外部活動時，有兩個原則一定要注意。

1 · 級別對等原則

長官所在的平台愈大，對級別對等就應愈重視。如果是小規模公司的主管，很多活動都要親力親為，所以可以不用太注重級別對等原則。

2 · 身分關聯原則

這項原則所有公司都適用。長官參加的活動，首先要與公司業務匹配。其次要考慮到長官個人的性格特點、社交圈、個人特長等，儘量讓其參加與自身匹配的活動。比如，一個正在監管產品的理工科工作狂人，讓他參加時尚圈明星的聚會就不適合。但有時因業務需要，如政府的活動需要長官參加，但卻沒有與政府打交道的經驗，這就需要品牌公關預先做準備。

［長官參加活動時，要準備哪些資訊］

一般來說，品牌公關要為長官準備三類資訊。

1・企業核心資訊

企業核心資訊是長官在外的名片，是公關活動中最重要的資訊。為長官準備企業核心資訊，目的是為了讓公司長官在各種場合傳遞這些資訊，這就像我們在工作場合的「電梯談話」，用簡明扼要的語言把自己最想表達的東西展示出來，包括我是誰，我做什麼，我有什麼不同，我需要什麼。

> 2017 年 1 月，人民網發布了這樣一篇報導，題目是〈李克強論虛實經濟：總不能在網上騎自行車吧？〉。文章的主要內容是李克強總理邀請七位不同領域的專家和企業家座談，為政府工作報告提建議。其中總理與摩拜單車創辦人胡瑋煒有一番對話，胡瑋煒告訴總理，摩拜單車在無錫每天生產 1.4 萬輛自行車，她說：「我們主要是營運方式的革命，屬於『互聯網＋交通工具』。」

這就是長官參加對外活動時事先進行準備的效果，摩拜團隊根據政府用網路推動實體經濟的想法，突出自己為自行車廠商帶來的機會，甚至挽救了一些陷入困境的實體企業，引起了總理的興趣。雙方對話特別精彩，在人民網和其他媒體上有詳細報導。雖然不是所有企業領導都能與總理對話，但是在長官參加對外活動時為其準備核心資訊，是品牌公關必須完成的。

2・參加活動的其他人物介紹

為長官準備活動裡其他參加人士的介紹資料，可以讓長官更遊刃有餘。

電影《穿著 PRADA 的惡魔》中，米蘭達是頂級時尚雜誌的主編，她的助理是安迪。安迪隨米蘭達參加活動，當一個客人向米蘭達走過來時，安迪就迅速在她耳邊講出這個客人的姓名、職務、背景、與公司的關係。米蘭達掌握資訊後，與客人交談時，往往有出其不意的效果。

這種戲劇化的場景，實際上在我們的日常工作中並不少見。我們要為長官準備好關於其他客人的詳盡資料，可以有效避免錯誤，讓長官的社交效率提高。

3·對外交往的風險

我們要將活動細節梳理好，並告知長官可能存在的風險。比如活動現場有記者，老闆的講話可能被媒體報導。

我曾經遇到過這樣的情況：媒體報導我所屬的公司可能收購某公司，還引用了我們公司長官的話。事後長官說，這些話是他在活動中與其他人閒聊時所說，當時他並不知道旁邊還有記者在旁。

這就是沒有事先提醒長官的弊端——讓不恰當的言論流出，而且很難補救。

以上就是品牌公關要為長官準備的三項基本資訊。除此之外，如果你身處大公司，長官影響力較大，還要做好更多細節工作。比如座位安排，作為主人應如何排座位，我們在以前的內容中已經討論過。如果長官是客人，你要了解活動現場、宴會上長官的座次是否符合級別對等和身分關聯原則，查看活動是否設置有貴賓室等諸如此類的細節。

[跟隨長官活動現場的準備工作]

很多時候，我們需要跟隨長官去活動現場，這就要準備以下幾項工作。

1・保證長官在抵達活動現場的第一時間見到你

對於大人物而言，他的一舉一動都備受矚目。正因如此，大人物貿然闖入一個未知的場域後，其實他是無所適從的，不知道與誰接洽、不知道和誰握手，甚至會有人要求合影，還會有記者圍堵採訪。所以大人物在陌生的環境下，會儘量減少與外界接觸。

有一次我與長官一起參加活動，長官坐車提前到達活動地點，但我還沒有到，於是長官坐在車裡，讓車在周圍兜圈子，直到我出現。

2008 年北京奧運會期間，我們公司作為贊助商邀請國際奧委會主席羅格參加品牌展廳的開幕式，距離活動開始還有四十五分鐘時，我們正在調試設備，看到羅格的車到了，可是我們負責迎接的長官還沒有到，我作為公關總監，就跑過去準備迎接，但是發現羅格並沒有下車的打算。最後他在車裡坐了十五分鐘，直到國際奧會市場部官員到了現場把他接出來。

長官貿然闖入陌生領域可能面對的風險有：被不認識的人騷擾，被記者堵住進行拍攝、提問，應該認識的重要人物沒認出來被人嫉恨。

與長官一起參加活動，你要時刻記住你是長官的引路人，要讓長官在第一時間看到你，才能避免意外情況發生。

2・檢查活動的細節

請留意長官的座位位置、名字以及職務是否正確。我不只一次發現活動現場長官的名字或者職務被寫錯，只能現場修改；有時還會在品牌公關會現場發

現長官的座位與競爭對手的座位相鄰，也只能臨時調整開。這些都是我們需要注意的小細節。

3・重要資訊備份

重要資訊包括長官的發言稿，關於公司的重要數據、資訊，甚至是與活動相關的政府新政策等，防止長官在需要資訊時捉襟見肘。如果長官需要發言，我們可以攜帶一份列印好的講稿，以備不時之需。

產品發表會的九頁 PPT

· · · · · · · · · ·

組織產品發表會，需要我們做出整體規劃，如果透過 PPT 的形式呈現，這個文件中需要包含以下內容：

[活動目標和目標使用者]

在很多品牌公關人眼中，PPT 的開頭幾頁大多千篇一律，基本上目標都是提升某某品牌在使用者中的認知，目標客戶都是政府官員、客戶、業界領袖、媒體和消費者。其實不然，每一個優秀的業務戰略，它的每一次傳播活動都有專屬目標，可以針對某一個特定目標群體進行功能展示活動。

以醫療設備行業為例。某次產品發表會的目標是展示 XYZ 血管機在冠狀動脈介入手術治療中的新功能，為產品在一年內覆蓋頂級三甲醫院打下基礎。目標客戶是三甲醫院心內科醫生、產品經銷商和中華醫學會心血管分會專家等。

產品發表會的目標群體也可以是很廣泛的受眾，比如新款手機產品的發表會，請幾百甚至上千人同時參加，一次發表會就能造成廣泛的傳播效果。

[核心資訊]

核心資訊是產品發表活動的中心部分，所有創意設計、發言、新聞稿都要圍繞這一點。比如，因使用超級晶片而使反應速度超過競品 50% 的手機，新型斷路器可以用互聯網遠端控制，新型充電樁根據梯級收費時段自動選擇電動汽車的充電時間，中國第一款七座家庭轎車等，諸如此類的都是產品的核心資訊。那麼，如何提煉產品的核心資訊呢？

1・競爭對標

了解競品的弱點，強化自己的優勢，如技術優勢、歷史傳承和市場占有率等。

2・市場調查得到的消費者需求和偏好

比如能夠幫助醒酒的蜂蜜水，對於經常宴飲的人來說，十分實用。

3・引領未來的革命性創新

比如當年 iPhone 作為無鍵盤的觸控式智慧型手機發表，翻開了智慧型手機歷史的新篇章。

［資源配置］

有了上面這些基本要素後，就可以開始利用資源幫我們完成任務，這些資源包括創意公司、活動管理公司、公關公司等。

儘管在我們的認知裡，應該先有計畫後有預算，但在沒有確定大致範圍的情況下，乙方也無法進行服務。所以我們首先要做好申請預算的工作，比如論壇式活動的預算一般在 50 萬元以內，汽車品牌發表的活動的預算在 1000 萬元左右，有時會更高。我們要根據不同服務公司的能力和收費標準選擇資源。

［核心創意］

有了大致的方向，確定了幾個參加競標的乙方後，我們就可以開始準備活動的核心創意。但要把握好創意和預算的關係，不要因為預算少就直奔最廉價的創意，也不要因為預算多就大玩風馬牛不相的東西。我在做甲方代表時，通常會讓乙方做三套方案：最豪華的方案、有亮點而經濟實惠的方案和只傳播

產品核心資訊的方案。絕大多數長官會選有亮點而經濟實惠的方案，讓豪華的樸實一點，或者讓樸實的再豐富一點。

[議程設置]

議程設置與核心創意有關，能夠將活動流程更加細化，比如開場影片、CEO 發言、產品設計師介紹功能、使用者分享產品使用經驗或者代言明星出場。議程設置要充分體現活動的核心資訊，並在各個環節向目標客戶強化這一核心資訊。

[內容生成]

內容生成是品牌公關傳播活動的關鍵所在，包括發表活動的環節、長官和嘉賓的發言、新聞稿、企業自媒體內容規劃、合作媒體內容發表等。內容需要從不同的角度，用不同的形式體現產品的核心資訊。除了自主生產內容之外，對於 B2C 企業而言，針對消費者的產品發表，活動本身可以產生 UGC（使用者原創內容）。比如手機產品的粉絲會把會場大螢幕的金句拍下來，像雷軍在大螢幕上打出的「將性價比進行到底」和羅永浩的「漂亮得不像實力派」，這些都在網上迅速傳播。如果有明星在場，明星和產品在一起的照片和影片也會被粉絲迅速擴散。

[現場管理]

現場管理包括核心創意亮點的現場可控性、長官和嘉賓的接待工作、媒體的接待工作和座位安排等，這些都需要精心安排，面面俱到。

[效果評估]

效果評估包括以下內容：

1・參加活動的人數、重要人員統計和行業代表性；
2・重要嘉賓對活動的評價；
3・參加人員在線上的後續行為，比如多少人在現場掃了 QR code，在企業的微信和網站上有什麼瀏覽痕跡等；
4・媒體報導統計；
5・自媒體和其他合作新媒體的閱讀量、閱讀效果、評論，以及是否根據內容進入了公司官網和產品頁。

[持續傳播]

持續傳播包括在發表會之後產生的媒體深度報導、使用者對產品使用的追蹤報導等。比如汽車公司會在產品發表之後舉辦媒體試駕活動，有利於品牌的持續傳播。

這些內容是一個產品發表會需要準備的基本思路和工作項目，熟練的活動組織者對這一切可能早已爛熟於心，但是對於剛入門品牌公關的同學來說，了解一個發表會要完成的調研、思考和行動，可以讓你的思路更清晰，活動更高效，疏漏零發生。

優秀的行業論壇最終都能促進銷售

· · · · · · · · · · · · · · · · · ·

企業不可能每天都吹噓自己的產品，但宣傳工作又必須進行，行業論壇便是一種不錯的選擇。透過行業論壇傳播企業的行業洞察，可以有效提高品牌的行業影響力，保障品牌宣傳工作的良好運轉。

那麼，應該如何舉辦一次有影響力的行業論壇呢？

[確定論壇主題]

論壇主題要結合企業的獨特定位、業務需求和關注熱點，提出行業洞察。

行業洞察的來源，主要有以下幾個方面：

1·國家政策導向

第一時間了解國家政策導向，可以幫我們更好地把握行業動態。平時多關注《新聞聯播》、《人民日報》、《環球時報》這類權威機構發布的資訊，對「區塊鏈」、「個稅改革」、「漫遊費改革」、「互聯網+」、「綠色能源」這些新鮮話題保持敏感度。

2·企業獨特的行業判斷

任何企業在自己的領域裡都有獨特的經驗與見解，比如材料公司可以告訴大家「未來的汽車鋼板可以用更好的合金」；做發電設備優化的公司，可以說「新技術的使用，將讓電廠的廢氣排放減少 30%」；做數位科技的公司則可以說「新的網路安全技術，可以消除個人資訊洩露的風險」等。這些都是外行人無法領悟到的獨特的行業判斷。

GE一直在為中國的海外工程公司提供發電設備和石油天然氣設備，「一帶一路」的實施，讓 GE 從政策走向和公司業務戰略層面得出了一個結論：GE 可以在「一帶一路」主題下，擁有更多的與中國客戶合作的機會。由此，GE 決定舉辦一場名為「『一帶一路』海外工程領袖峰會」的行業論壇。

3‧大數據報告

大數據是市場的科學回饋，從大數據方面分析行業趨勢更令人信服。有些公司自己在做大數據，比如，百度有海量搜索資料、騰訊有海量社交資料、滴滴有公眾出行資料、美團有上百個城市的餐飲和外賣資料⋯⋯如果我們自己沒有大數據，也可以與大數據公司或者媒體一起，進行行業趨勢的判斷。

［議程設置］

議程設置要考慮兩個最重要的原則：一是論壇的日程要與公司戰略相符；二是論壇內容要足夠具有吸引力，能讓大家主動來參加活動。

在進行具體的議程設置時，要保證每一步都與活動主題緊密相關，大致可分為以下八項內容：

1‧時間

論壇的時間與時長設定，要考慮用戶可以付出的時間和行業洞察的複雜性等因素。有些行業有特別要求，比如醫療行業，醫生們只有週末能參加活動，所以，醫療方面的行業論壇一般都在週末舉行。

2・地點

根據主題與人數來選擇相應的地段、會場檔次、會場布局的靈活性等，如飯店、會議中心、度假村等地點的選擇。

3・內容

根據論壇的主題，確定從哪幾個層面展開話題。

4・形式

以話題和內容確定論壇的形式是，大會、分組論壇，還是兩者結合。

5・發言人

發言人應選擇最適合主題和各個分話題的意見領袖和業界專家。無論是公司自己主辦還是參加別人主辦的行業論壇，都要爭取能夠讓公司長官在論壇的顯著位置發表自己的行業洞察。

行業專家的出席可以幫助公司建立更大的影響力，如果你的公司規模還不大，還沒有獲得專家的認可，不妨透過公關公司或者媒體來邀請行業專家。

6・主持人

根據論壇內容、形式和風格，確定是邀請著名電視主持人、公司長官，抑或是行業專家來擔任主持和串場。

7・傳播方案

可以邀請主流和行業媒體參加，安排企業領導人接受採訪，並利用自媒體傳播論壇的內容。論壇上嘉賓發表的見解，也是活動傳播和持續傳播的重要內容。

8・獲客方案

透過活動預熱，讓客人們現場掃描 QR code 關注公司及論壇。活動後，透過跟蹤潛在用戶的線上行為和面對面拜訪客戶等方式，獲得銷售。

且讓我們還是以 GE 公司的「『一帶一路』海外工程領袖峰會」為例。

時間：選擇在一個工作日的全天。

地點：北京釣魚台國賓館，充分體現活動的較高級別和檔次。

內容：討論全球基礎設施需求的變化、中外企業的合作模式、專案的融資機會和海外市場政治經濟風險的規避。

形式：上午是大會，下午按照行業和地區劃分論壇，包括發電分論壇、石油天然氣分論壇、金融分論壇、非洲和拉丁美洲分論壇。

活動由 GE 公司和財新傳媒共同主辦。媒體出面，是為了吸引更多政府和國企長官參加，因為他們大多會認為參加一個外國公司主辦的活動有替人站台之嫌，而媒體主辦就顯得活動更加客觀中性。

發言人：有 GE 公司全球和中國區長官、政府前行業主管長官、中國海外工程公司長官、國外基礎設施項目業主、銀行和金融機構代表。

主持人：不請專業的主持人，而是採用畫外音的方式報幕。這種主持方式，能夠有效節約時間成本，將更多的時間留給嘉賓。

傳播方案：公司用微信做了預熱和當天的活動報導，邀請了二十多家全國性媒體參加。財新網、鳳凰網做了專題報導。媒體不僅採訪了GE 公司主管，還採訪了中國最大的海外工程承包公司的主管，分享了在「一帶一路」主題下中外企業的合作機遇。

　　獲客方案：因為參加這次論壇的都是知名大公司，所以沒有特別採用線上獲取銷售線索的方式，而是在活動後做客戶拜訪。

　　論壇效果：客戶普遍提升了對 GE 公司的認同度，找到了彼此更多的利益結合點，GE 公司的設備訂單數比前一年提高了將近一倍。

[論壇的組織和執行]

　　活動執行包括如何為活動命名，如何為嘉賓排座位，如何做好重要嘉賓的接待等，這些都在我們以前的內容中講到過，同樣可以運用到行業論壇中。

　　行業論壇雖然不是以銷售為直接目的，但優秀的行業論壇最終都能促進銷售。並且，行業論壇也可以為企業樹立良好的品牌形象。

在行業展會中脫穎而出

. . . .

行業展會是各行業定期舉行的行業盛會，屆時會有非常多的行業內外的企業、媒體、領導人參加，是各企業推廣新產品、建立品牌形象的大好時機。

一般參加行業展會有這樣幾個目的。

第一，企業借助重大展會平台推出最先進的科技和產品。比如每年在美國拉斯維加斯舉辦的 CES 消費電子展、CES 亞洲展、德國漢諾威工業博覽會、巴賽隆納世界移動通信大會（MWC）等。在這些展會上，參展企業都會爭相推出新產品。

第二，取得交易機會。利用業界人士對行業展會的關注，展示企業產品，獲得接觸潛在客戶的機會以及交易機會。

第三，品牌曝光。參加政府主辦的展會旨在推廣當地經濟的展會，可獲得政府的認可和媒體的品牌曝光。

與企業自己進行產品發表不同，在行業展會中，所有的品牌，包括你的競爭對手都在一起展出，如何從中脫穎而出，就成了一個極具挑戰性的問題。

之前我們探討過的產品發表會的思想內容，在行業展會中也同樣適用，尤其是參展目的和核心資訊。參展目的是主要活動動機，核心資訊是所有設計和傳播的基礎。另外，像資源配置、內容生成、效果評估、持續傳播這些因素也很重要，我們就不一一贅述。

接下來，我們主要分析在行業展會中要特別注意的幾個問題。

[位置]

房地產行業中有這樣一個說法：好房子的三要素是地段、地段和地段。行

業展會亦是如此，好位置能讓我們的宣傳工作取得事半功倍的效果。在選擇參展位置時，我們會面臨兩個問題：費用和企業地位。

　　對於展會主辦方來說，愈好的位置，展位費愈高，而且很多時候，主辦方為了展會形象，會把重要位置留給知名度高的品牌。所以，我們想要得到這些位置，勢必要支出比較大的購買成本。如果我們得到了很好的位置，為了將展位優勢最大化，自然會在布置上更為精細，如此一來，建設成本也提高了。

　　在一些高級別的展會裡，比如在烏鎮舉行的世界互聯網大會，設置有專門的公司展示區域。展區中最醒目的位置是入口的兩邊，百度、阿里巴巴、騰訊、京東這些互聯網巨頭企業為了爭奪這些展位，連第一位是哪家，第二位是哪家，誰與誰相鄰，誰與誰斜對都要爭論半天。

　　邁瑞是中國一家較為知名的醫療企業，他們的參展戰術就是在任何國際大型醫療展會上，緊貼業界老大 GE 和西門子，其他行業中也都存在這樣的展會貼身戰術。就像與明星合照，你也會獲得曝光度一樣，貼身戰術可以有效提升企業的知名度。

[展台設計]

　　設計展台時要保證品牌形象的一致，色彩風格、logo 等標識要統一。除此之外，還要注意以下三點。

1‧展台要足夠醒目，並具有吸引力

　　有的公司把展台做得十分高大，甚至 logo 大到將別的展位擋住。這種方法可以用，但在比較規範的展會中，展台的各種規格有著嚴格的限定。所以在規格上的設計是次要的，真正吸引人的是展台上的內容。

2 · 展台的設計要不斷創新

設計創新與費用息息相關，現在愈來愈多的企業將自己的展台變成一處智慧體驗場所，使用 VR（虛擬現實）技術還原現實場景，像海爾公司在 2017 年 CES（國際消費類電子產品展覽會）亞洲消費電子展上，把展台變成智慧家居體驗館，既節省費用又還原場景，還省去了活動後的整理過程，可謂一舉多得。

3 · 展台設計要考慮展會的多功能需求

除了產品展示、觀眾體驗和產品發表外，展會還有一個重要功能是客戶洽談。在巴賽隆納世界移動通信大會上，大公司的展台會設計數十個到上百個洽談空間；在北京、上海車展這樣的場合，也能看到大公司展台的二層都是 VIP（重要人物）接待空間。

［展台活動］

展台活動主要包括產品發表活動、參觀者體驗互動活動、重要嘉賓接待、客戶洽談活動等。

1 · 產品發表活動

在進行產品發表活動時，有三點要特別注意：一是產品發表活動簡單直接，但受時間和場地限制，很難有震撼的效果；二是儘量爭取黃金時間，最好是在展會開幕後的兩個小時內。有的展會有協調機構，可以與主辦方協商，如果主辦方沒有協調機構，經常會出現兩個面對面的展台同時舉辦活動的情況，雙方都將音響開到最大，結果現場一片噪音，毫無效果；三是盡可能爭取到重量級的政府長官、專家和媒體參加發表會。

2・參觀者體驗互動活動

主要是透過互動活動讓參與者以掃 QR code 等方式留下資訊，事後追蹤，獲得一定比例的銷售線索。

3・重要嘉賓接待和客戶洽談活動

在展台設計充足的 VIP 接待空間後，在營運上保證重要嘉賓和客戶在 VIP 區的方便舒適，安排適當的餐飲、禮品、產品介紹冊等項目。

4・與展會相關的新聞發布和專業論壇

展會是推出新產品、展示企業品牌、與行業客戶交往的重要場合，很多公司會利用這一機會舉辦自己的論壇，與客戶和專家一起分享行業見解，並發表行業白皮書。這就需要我們提前規劃好各方面的事宜。儘量使用展館內的會議廳，如果設施較差或者位置有限，抑或是被占用，可以在展館旁邊的飯店租場地舉行行業論壇。

[媒體採訪]

在展會上進行媒體採訪，可以讓記者更好地了解公司的產品和業務，特別是在企業有新產品發表時。但記者就如同展位，各個公司都會事先爭取較好的記者資源。比如各大車展，因為記者資源的競爭過於激烈，很多廠家會把媒體活動放在展會開展之前，類似大眾之夜、賓士之夜、寶馬之夜、豐田之夜、雪佛蘭之夜，等等，這種做法會讓很多記者的工作量大大增加。所以我們在確定進行媒體採訪後，要儘快聯繫記者，與之溝通協商。

CHAPTER 5

第五章
· · ·
危機公關管理
一手爛牌照樣能夠贏得比賽

危機公關是品牌公關中至關重要的一環。在企業發展的過程
中，挑戰永遠與機會並存，尤其在現代化商業時代，更多
的危機和機遇並蒂而生，如果危機處理得當，自然花開滿
堂；如果危機處理不當，難免骨動筋傷。危機公關體現了
企業在遭遇危機時的核心價值觀與競爭力，做好危機公關，
是所有企業必須學會的生存之道。

品牌危機像空氣一樣無所不在

品牌危機,這四個字在品牌公關中仿若洪水猛獸,令人談之色變。儘管在人類源遠流長的商業史中,品牌危機這個概念在現代才提出,但品牌危機在商業的萌芽階段就已存在,並隨著商業的不斷發展而變換形態。

通常,我們可以將品牌危機理解為對企業的重大打擊,並非是外界因素造成的,而是由於企業自身出現的錯誤致使企業公信力迅速下降,品牌形象毀於一旦,出現產品滯銷甚至銷毀等現象。其影響之巨大和後果之惡劣,令所有企業聞之色變。而危機公關就肩負著力挽狂瀾的重擔,將品牌危機的負面影響降至最低。

在新媒體時代,品牌危機不斷升級,危機公關也隨之出現了新的變化。我們用新聞的「5W1H」來說明傳統媒體時代和新媒體時代的危機公關的特點與區別(見表5-1)。

表 5-1 —— 傳統媒體時代和新媒體時代的危機公關

5W1H	傳統媒體時代	新媒體時代
攻擊源 (Who)	明確的攻擊源	攻擊源不明
危機內容 (What)	負面報導、重大事故，事出有因	負面報導、重大事故、社交媒體議論，事件可能子虛烏有
傳播方式 (Where)	直線傳播，易於追蹤	漩渦傳播，難以把握
持續時間 (When)	迅速解決或長期發展	迅速聚集，迅速消散
危機原因 (Why)	內部管理、市場環境	內部管理、市場環境、惡意攻擊
應對方式 (How)	正式聲明、新聞記者會、媒體溝通	直接加入混戰、媒體防護矩陣

且讓我們分而論之：

[攻擊源（Who）]

傳統媒體時代，資訊傳播媒介較少，發布管道比較單一，如果出現負面報導，我們可以輕易追查出源頭。我曾多次因公司的負面新聞到報社總編輯的辦公室，要求對方停止對企業相關負面新聞的報導，或者更正已經刊登的負面新聞。可在新媒體時代，訊息量爆炸性增長，資訊源繁多複雜，根本無跡可尋。

2017 年 8 月，南方航空在網上發了一篇表揚稿，名為〈只要前 11 排座位的旅客——為政府執行要務護航〉，文中講述了南航西安分公司的員工為西安市黨政代表團六十多人的出行提供特殊服務。

文章發出後被迅速傳播，引起大量自媒體攻擊，甚至官媒也發出了批評聲音。眾多網友開始質疑並聲討政府。

隨後南航發出聲明，解釋表揚稿是誤發，事實上政府代表團出行沒有違反中央「八項規定」，只有市委書記、市長和政協主席三人是副部級，按照規定乘坐了商務艙。之後西安市委、市政府也採取高姿態，表示「歡迎輿論監督」。南航的表揚稿讓西安市委、市政府莫名地背上了罪名，這就是一個典型的「城門失火，殃及池魚」事件。

[危機內容（What）]

典型傳統媒體時代的危機，比如英國石油公司（BP）的鑽井台爆炸，嚴重汙染了美國在墨西哥灣的沿海地區；央視「3·15晚會」曝光批評蘋果、麥當勞、耐吉這樣的大品牌的產品和服務等，標誌是重大事故和媒體負面報導。

而新媒體時代的危機，往往會讓你措手不及。比如網上突然傳出你所在公司的董事長被限制出境的言論；公司下週就要融資，各大自媒體行銷號突然開始攻擊公司，指責公司的產品與模式等。這類危機發生前沒有任何徵兆，需要品牌公關迅速反應、果斷執行。

[傳播方式（Where）]

傳統媒體時代的傳播方式呈直線型。我在傳統媒體時代遭遇過的最嚴重的危機，是國家質檢總局點名批評公司的產品品質差，當時所有官方媒體都報導了這件事，但簡報公司資料顯示，近千家媒體轉載，每一家都有名有姓，且新聞來源都是國家質檢總局。傳播過程非常簡單。

但新媒體時代的危機，如果精確追蹤，你會看到一個話題的傳播在某個點或某幾個點突然引爆，傳播路徑很難把握。

［ 持續時間（When）］

傳統媒體時代，比如被央視「3‧15晚會」曝光的企業，處理危機的一般方式是迅速道歉，迅速整改，危機持續時間適中；有些事件，比如BP的墨西哥灣漏油事件，影響方面較多，會持續比較長的時間。

而新媒體時代的危機，仿佛是夏天的雨，來也匆匆，去也匆匆。一個事件瞬間爆發，然後迅速被另一個事件取代。

有時企業的危機較小，我們可以採取冷處理的方式，靜觀其變。因為在資訊爆炸的年代，很可能你的品牌危機在第二天就被「五星級飯店不換床單」、「朝鮮核子試驗」這樣的新聞蓋過。

［ 危機原因（Why）］

傳統媒體時代，企業的危機90%以上來自內部管理，10%以下是意外事件。比如大眾汽車排放造假事件和三星Note7手機電池爆炸事件，都是由內部管理不當引起的；而日本福島大地震引起核洩漏，嬌生泰諾膠囊被人放進氰化物導致七名消費者死亡等事件則屬於意外事件，企業無法預料。

新媒體時代的危機，惡意攻擊可能會占半數以上。有的企業把公關作為一種商業武器，用擴大負面事實、推動負面新聞傳播的方式攻擊競爭對手，俗稱「黑公關」。這種方法正在被愈來愈多的企業效仿，成為新媒體時代危機的一個標誌。

［應對方式（How）］

傳統媒體時代的危機應對，如同指揮正規軍，站好佇列、擺好武器、備好彈藥、發信號槍，有秩序開火還擊，比如發表正式聲明、召開記者會、與媒體溝通等。

而新媒體時代的危機應對有時像打群架，毫無章法，毫無戰術，只存在肢體碰撞的野蠻衝突。雖然也有記者招待會等應對方式，但更多時候是對戰雙方直接在自己的微博、微信上隔空喊話，有的還能理性辯論，有的乾脆就是打口水仗。這樣的方式可能顯得潑皮無賴，但大眾的關注度也會隨之提升。

真正好的危機公關，是在危機發生前就將之化解。在我二十多年公關生涯中處理的危機，可能還沒有現在互聯網企業一年遇到的危機多，除了個人原因，一個更嚴峻的問題是：**在我們身邊，危機已經像空氣一樣無處不在**。

危機預防體系：
危機管理的堅牆厚壁
· · · · · ·

很多企業往往會將目光更多地投向危機公關的事後措施，忽視危機的事前預防。事實上，建立一套企業的危機預防體系並及時處理危機，至關重要。一般來說，企業的危機預防體系，包括三個重要領域。

［ 價值觀 ］

我們常說某個企業很差，不是因為產品不好，也不是因為它的員工不努力，而是因為整個企業沒有一個良好的價值觀，沒有向心力和凝聚力。尤其是出現意外時，**外部的狂風暴雨還沒襲來，內部就先相互拆台**。每個部門都在逃避責任，閃爍其詞。這樣的企業，不僅大眾無法認可，恐怕企業自己都不認可自己。

一個優秀的企業，必然尊重普世價值，把公眾利益放在首位，堅持誠信合法經營。一個優秀企業的領導層必然會緊握道德與法律準繩，以身作則。

上汽通用在 2017 年根據〈缺陷汽車產品召回管理條例〉的要求，向國家質檢總局備案了召回計畫，決定自 2017 年 8 月 4 日起，召回 2016 年 6 月 6 日至 2016 年 12 月 6 日生產的 2017 年款別克全新一代 GL8 汽車，共計 6451 輛。原因是電子轉向助力標定軟體問題，可能導致部分車輛行駛時電子轉向助力系統報故障碼，在特殊情況下，還可能導致車輛電子轉向助力失效。因此，上汽通用將故障車輛召回，並對其電子轉向助力標定軟體進行升級，以消除安全隱患。

上汽通用嚴格遵守行業標準與道德準則，出現紕漏積極補救，這才是消費者選擇繼續信任它的根本原因。而在之前震驚全國的三聚氰胺事件中，某些乳製品企業為謀利益不擇手段，失去了基本的價值底線。在這種情況下，即便進行危機公關，也很難令大眾信服。

危機公關是企業在重要時刻所體現出的價值觀與核心競爭力。我們經常會調侃某某企業的危機公關很差，某某企業的公關部門不稱職等，其實危機公關差的主要原因是企業沒有正確且強勢的價值觀，這才導致出現問題無人承擔，最終讓公關部門背下罪名。

[危機管理流程]

危機管理流程包括：危機管理手冊、內部協調機制和危機管理定期演練。

1・危機管理手冊

做好危機管理手冊是防患於未然的關鍵。有的企業將手冊做得很全面，包括企業風險分析、潛在危機領域、危機管理不同領域的主要責任人和職責、全員危機意識的普及等。

透過製作危機管理手冊，梳理危機管理的思路，讓企業上下對危機有一個基本認識。**危機管理就像城牆壁壘，準備愈充分，壁壘就愈堅固，被危機衝破的可能性就愈低。**

2・內部協調機制

企業在危機中表現失常，一方面可能是因為價值觀不強，另一方面是因為技術層面上缺少內部協調。

如果危機公關沒有一個高層領導坐鎮，職能部門的意見就很難統一，從而可能向外界傳遞錯誤資訊，貽誤戰機。比如遇到產品品質問題時，品管部不承認，公關部提出要公開道歉，政府關係部要聽政府的意見，銷售部怕影響業績，法律部說道歉的範圍必須清晰界定……七嘴八舌，一團亂麻。這時必須有一個在這些職能部門之上的領導，根據企業全局拍板定奪。

這個高層領導就是危機管理的責任人，可以是 CEO、COO（營運長）或者一名能夠指揮管理包括品牌公關、政府關係、市場、法律、營運、銷售、人力資源、品質和安全管理、財務等所有職能部門的人。

3・危機管理定期演練

很多企業實際上都有較強的危機意識，我曾任職過的幾家大型企業都會定期召集各部門負責人，模擬危機狀況，演習應對措施，比如產品品質危機、自然災害導致公司營運中斷等。更逼真的是在半夜把高階主管從睡夢中叫醒，說：「出事了！你趕快到現場處理。」

在危機管理中，員工的作用非常重要。現在社交通訊手段極為發達，很多企業都用微信、釘釘進行工作交流，但在一些特定情況下，重要資訊不適合用文字形式傳播，為了不留痕跡，最好用電話或口頭傳達。

［外部資源］

1・政府資源

外部資源包括政府、媒體、行業協會、意見領袖和公關公司，其中政府資源最為重要。企業在遭遇危機時，政府部門的意見往往是那壓死駱駝的最後一根稻草。

2017 年，共享經濟席卷全中國，共享單車的身影迅速在各地出現，隨後，共享電單車也應運而生。但顯然，共享電單車的發展並不如共享單車那樣順利，先是蜜蜂出行和易佰客兩家的共享電單車因不符合國家標準，存在五類安全隱患而被政府叫停。後來又有小蜜共享電單車，剛開始運營就被叫停。

　　國家對於電單車的嚴格規定與政府的精準掌控，讓那些想在共享電單車領域分一杯羹的大部分創業者，滿盤皆輸。共享電單車的創業者們並沒有向政府輸出自己的理念，沒有讓政府理解自己的產品，所以在危機發生時，他們甚至連改過的機會都沒有。

　　與之相反的例子是，某著名的化工企業發生了爆炸事故，政府本來可以要求整個工廠停業整頓，但由於這家工廠是當地安全生產先進企業，管理一直很好，於是政府就要求工廠停掉出事的生產線，其他部分照常進行生產。

　　由此可見，在企業與政府之間架起溝通的橋梁，讓政府理解並信任企業，甚至可以讓他們在關鍵時刻出手相助。**當然，做好與政府的溝通工作，並非是讓我們存在逃避責任的僥倖心理，而是希望在風雨飄搖之際，企業不會迎來政府方面的致命一擊。**

2‧自媒體矩陣

　　除了傳統媒體關係，很多企業建立了內部和外部的自媒體矩陣，保證在危機中能夠順利發出自己的聲音，有些大企業甚至自己購買和經營了很多自媒體帳號。

3‧公關公司

　　我們也可以向從事危機管理工作的專業公司求助，一些比較大的公關公司有很好的資源，這對大企業來說助力頗多。小企業可以建立自己的管理體系，

沒必要雇傭大型公關公司專門處理危機。在遭遇重大危機時，有經驗的公關公司和前媒體人的策劃工作室，都可以為你的危機管理提供有效的建議。

4・輿情勢能判斷

此外，品牌公關還能做而且必須做的是：透過「輿情勢能判斷」給予管理階層必要的警示。最典型的如 2016 年的百度「魏則西事件」，從年初的血友吧被賣，到公眾長期對醫療競價排名持有意見，再到國家領導人在高層會議上不點名地批評「做搜索的不能以給錢多少作為排位標準」，輿情對百度的不利狀況已經升級到高危狀態，此時百度的公關部門理應對公司的管理層給予足夠警示，而不是任其發展蔓延，最後一發不可收拾。當然，長官聽不聽要看長官的水準和個性，這也能反映出公關部在公司的地位。

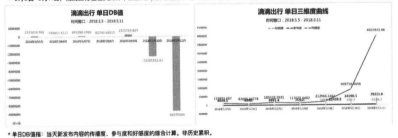

圖 5-1
滴滴出行輿情監測

2018 年 5 月 6 日淩晨，空姐李某某透過線上約車平台滴滴預約了一輛計程車自鄭州航空港區趕往市裡，結果被該車司機殘忍殺害。一件看似偶然的命案，卻直接引起了公眾對滴滴的全方位質疑，包括順風車產品設計、法律、道德、廣告宣傳方式等方面，滴滴經歷了一次危機公關大考。

　　據輿情監測資料表示，該事件發生後，在微博、微信、頭條、知乎四大平台上，關於滴滴的內容傳播度在 5 月 11 日達到頂點，公眾對滴滴的好感度也同時降到最低點（見圖 5-1，參見 P172）。「安全」這個詞在輿情監測中猛烈跳出，理應引起企業公關和管理層的重視。

　　同樣，我們可以由滴滴聯想到自己的企業，有哪些輿情的「呼叫詞」，怎樣的輿情勢能分析可以為企業的危機預警提供線索。類似的呼叫詞還包括：公平、致癌、腐敗、雙重標準、騙局、歧視、有毒、冷血、弱勢群體、暴富……一個看似平常的概念，如果在某段時間內與企業和產品發生非正常的聯繫，就要形成危機預警。

有效應對：
一團亂麻往往會使後果更嚴重
• • • •

遭遇危機時，切忌像無頭蒼蠅般亂撞，一團亂麻往往會使後果更嚴重。想要在第一時間化解危機，就要保證有健全的預防體系與高效率的應對方案。在2018 年 5 月滴滴「空姐遇害事件」中，隨後而來的關於順風車產品的設計、法律和道德問題，從媒體報導的角度看來，都是由「至本報／網發布此文時沒有收到滴滴的回應」引發。毫無疑問，滴滴公司公關部門的處置還是比較恰當的，千萬不要就現在無法解釋清楚的問題與媒體討論。

如此看來，好像公關部門在危機發生時需要做的事情並不多，其實不然。滴滴公司的公關部門可能還默默地做了很多事情，只是沒有告知公眾而已。比如：

1・了解順風車產品設計過程中的所有問題。

2・對輿情做密集監測和彙報。

3・以不被輕易截圖的方式與員工溝通，告訴大家公司會統一回應，員工不要在朋友圈發表評論。

4・了解政府關係部與監管部門溝通的立場。

5・為可能發生的 CEO 對外溝通，準備可選擇的主題和資訊。

6・為公司深度表明立場準備可選擇的媒體名單。

……

雖然企業面臨的問題不盡相同，但處理問題的方式大同小異：確定事實──組成內部危機處理小組──選定外部資源──確定應對的基本立場，迅速

評估利弊，獲得外部支持——對外、對內發表回應聲明——繼續監測輿情和事態發展，準備進一步回應——就危機相應問題改進，持續溝通。

可能大家會問：都火燒眉毛了，還來得及做這些事情嗎？事實上，完成這些流程，可能只需要半小時或半天時間。這些步驟的順序，在不同的危機事件中可以有所調整，有些步驟甚至可以一帶而過，但是不能完全忽略。以「海底撈」事件為例：

> 2017 年 8 月 25 日上午，《法制晚報》下屬的「看法新聞」發表了一篇報導，內容是記者暗訪兩個多月，發現海底撈北京勁松和太陽宮兩家店廚房存在惡劣現象，包括老鼠爬進裝著食物的櫃子裡，清潔工具和餐具放在一起洗，洗碗機內部發出腐爛惡臭的氣味，火鍋漏勺用來清理下水道堵塞物。這條新聞的文字和圖片迅速在網上傳播，將海底撈推上了風口浪尖。
>
> 或許很多人都為海底撈捏了把汗，然而，在事件發生後的三個多小時，海底撈官方就發表了回應聲明，網友總結了這份聲明的要點：我有錯，我會改，員工無須自責。
>
> 這一聲明發出後，原本沸騰的民怨竟然奇跡般地平息了，甚至有不少網友開始幫海底撈說話，輿情反轉之徹底，令人嘖嘖稱奇。
>
> 而這一系列發展，甚至還沒超過二十四小時。

海底撈回應如此迅速，難道他們沒有完成危機處理流程嗎？答案是否定的，海底撈肯定完成了危機處理流程，只是速度極快而已。

海底撈公關危機處理七步驟

接下來，我們就從七個方面來分析，海底撈是如何完成此次危機公關的。

[1. 確定事實]
媒體報導言之鑿鑿，記者親身臥底，有圖與影片為證。海底撈主管在調查時，如果兩家店的員工沒有徹底否認，即說明記者沒有造假誣陷。事實的蒐集和確認速度很快。

[2. 組成內部危機處理小組]
僅憑個人的力量，顯然無法在幾個小時內完成危機公關。一個危機處理小組可以讓大家提供不同角度的事實和見解，這對完善危機公關非常重要。

[3. 確定外部資源]
在蒐集採納內部意見的同時，向公關公司以及危機管理專家尋求幫助也很重要。公關公司掌握大量資源，可以為我們提供有效的公關管道與手段；而危機管理專家則能提出更加客觀專業的處理建議。

[4. 確定應對的基本立場，迅速評估利弊，獲得外部支持]
我們只能看到海底撈的聲明，無法看到海底撈在整個事件中，前後態度的確定。但換位思考，作為海底撈，必須在確定立場時反覆考慮這場危機可能引起的後果：政府職能部門是否會要求海底撈其他店關店整頓，大眾會如何反應——必要情況下要向政府通報。

雖然海底撈的處理過程我們不甚清楚，但從結果來看，它的基本立場十分

正確，那就是誠懇認錯，積極整改。看似簡單，實際上，不是每一個企業都有這樣的判斷力和決斷力。危機公關的核心是價值觀和領導力，那些在危機中扭扭捏捏、搖擺不定的企業，應該向海底撈學習。

[5. 對內、對外發表回應聲明]
海底撈的聲明，有對內、對外兩個版本。

1・對外聲明

第一個聲明是致「尊敬的顧客朋友」，主要用於表明態度——媒體披露的問題屬實，公司深表歉意；願意承擔相應的經濟責任和法律責任；已經布置整改，歡迎顧客監督。

2・對內聲明

第二個聲明是致「海底撈各門店」，通知北京勁松、太陽宮兩個店停業整改；所有監控設備硬體升級；告訴涉事的兩家店的員工無須恐慌，責任由公司董事會承擔。

以上兩個聲明，都是透過海底撈公司的官方微博發布，立場十分鮮明。需要注意的是，無論是對內還是對外，由於時間緊迫，當一個聲明不能完整表明公司的態度時，可以再發第二個，但兩份聲明的內容應該適用於任何人群。

危機回應聲明是危機公關裡最重要的環節之一，它表明了企業在危機中的態度、立場以及解決問題的方式方法。因為回應聲明面向情緒激動的廣大群眾，所以每一句話都要滴水不漏。2017 年海底撈的道歉被眾人接受，2018 年 5 月北大校長讀錯字後的辯解式聲明卻引發了更多批評，這就是好壞聲明帶來的不同後果。

我從事品牌公關工作二十餘年，依然認為自己的危機回應聲明寫得不夠好。**短短一篇文章，處處是技巧與陷阱。**在下一節中，我將詳細為讀者朋友們講述回應聲明的寫法，在此不做具體展開。

[6. 繼續監測輿情和事態發展，準備進一步回應]

很多人認為海底撈的回應是在博取同情，2011 年媒體曝光海底撈骨湯勾兌、產品不秤重、員工偷吃等問題時，他們也是這麼誠懇地回應，也獲得了公眾的諒解。

海底撈是否博取同情，我們不得而知；但有一點可以肯定，海底撈發聲明時，一定在擔心公眾的反應，更擔心其他城市是否也有記者臥底，在更多的店發現並曝光類似情況，海底撈是否會因此遭受滅頂之災？

這就要求公關部門時刻關注輿情發展，包括公眾的態度、官方媒體的態度和政府部門的態度，還要時刻警惕新的負面事實被曝光，並提前做好被曝光的心理準備以及各種應對工作。

[7. 改進危機相應問題，持續溝通]

海底撈的做法是，邀請顧客和媒體參觀後廚，並允許拍照，其中很多照片被上傳到網路。這就是關於問題改進的溝通，是危機公關的重要組成部分。類似的危機，比如肯德基和麥當勞曾被爆出食品衛生問題，二者也都是採用公開監督的方法進行形象修補。

七個步驟一旦走完，一次成功的危機公關便有很大機率隨之誕生。**在所有步驟中，我們要格外注意第一步──確定事實。這是危機公關應對流程的頭等大事，一旦出現錯誤，再多工作都是徒勞。**

回應聲明：
字字千鈞，句句金貴
• • • •

　　危機回應聲明直接關乎著我們自己與企業的未來發展，甚至是生死存亡，無論哪個字稍有差池，都會立刻被揪出來大肆批評。只有當我們真正拿起筆時，才會感到字字千鈞、句句金貴。

　　在現實的多數危機中，我們並不能直接看出企業在哪裡出現了問題，危機通常涉及更多複雜的技術問題與法律細節。比如，食品中某種元素含量超標，新建的大樓存在輻射，剛推出的金融產品存在欺詐嫌疑等，這些情況確實很難用幾句話就把事實陳述清楚。

[危機回應聲明中的四大主要元素]
對於此類危機的回應，要體現四個主要元素。

1・事實：表明企業注意到了媒體報導。
2・態度：說明企業對涉及產品安全、公眾利益的事極為重視。
3・原因：解釋企業對於問題原因正在調查。如果查出存在不實報導，我們也可以採取攻擊手法，指出有人在惡意操縱。
4・措施：表示企業正在採取調查措施。對於惡意攻擊，可以表明態度：企業已讓律師準備文件，準備起訴誹謗造謠者。

一個包含了以上四大基本要素的危機回應聲明，可以讓企業在危機公關中迅速拿回主動權。除此之外，我們還要注意避免描述過多細節，防止過度承擔，並且充分考慮行業影響。

案例：惠普的聲明

　　以惠普筆電事件為例：惠普公司在 2017 年 8 月 1 日發布暗影精靈 III 代 PLUS 遊戲本，特別指出其採用雙風扇 5 根散熱管的散熱設計。當消費者拿到手卻發現散熱管只有 3 根，一時間怨聲載道。8 月 10 日，惠普電腦官微發表聲明，表示對 2017 年 8 月 1 日到 3 日在大陸地區購買了該產品的消費者進行補償（如圖 5-2 所示，參見 P181）。接下來，我們就從三個方面來分析惠普的這份聲明：

[1. 避免描述過多細節]

　　在上面的聲明中，惠普對於虛假宣傳是這樣解釋的：「近日，惠普收到用戶回饋，暗影精靈 III 代 PLUS 遊戲本電腦宣傳材料中散熱管數量標注有誤。我們立即進行調查，並發現內部資料溝通中出現了失誤。對此，我們誠摯地向廣大消費者道歉。」

　　在短短不到一百個字的內容中，惠普筆電就將虛假宣傳的事實與誠摯的態度表達了出來。簡明扼要，是危機公關中對外回應的基本原則。而涉及公司內部營運的細節，可以不必向公眾公開。

[2. 防止過度承擔]

　　在處理危機的過程中，公關應以「避免因回應不當引發更大危機」為基本目標，防止過度承擔。

尊敬的惠普暗影精灵 III 代 PLUS 游戏本用户：

近日，惠普收到用户反馈，暗影精灵 III 代 PLUS 游戏本电脑（OMEN by HP Laptop 17-an013TX 和 OMEN by HP Laptop 17-an014TX，以下合称"产品"）宣传材料中散热管数量标注有误。我们立即进行调查，并发现内部资料沟通中出现了失误。对此，我们诚挚地向广大消费者道歉。

惠普在 2017 年 8 月 3 日发现此问题后，立即与电商合作伙伴通力合作，在当天更正了相关描述，并与购买此产品的消费者——进行真诚沟通，说明情况。截至目前，我们已经得到了多数购买产品的用户的谅解。但本着对支持惠普产品的广大消费者负责的态度，惠普决定主动承担责任。对于自 2017 年 8 月 1 日产品上市至 2017 年 8 月 3 日期间在中国大陆地区购买了该产品的消费者，我们将提供以下两种补偿方案供选择：

1：用户可选择保留并继续使用产品。我们将在取得您的确认后，提供您购买产品所实际支付价款三倍的人民币补偿，以及额外价值 500 元的补偿。

2：用户可以选择退货。若您选择退回产品，我们将在收到所退回产品后一次性全额退还您购买产品所实际支付的价款，并提供购买产品所实际支付价款三倍的人民币补偿。

消费者即日起可以通过惠普售后服务电话 400-885-6616 按 3，进行咨询和登记。

惠普一直将产品质量、客户体验和满意度放在首位，秉承"创无止境"的态度，持续为消费者提供高品质产品、优质客户体验和服务！我们将继续优化内部的产品宣传资料信息确认流程，严格把关各渠道的信息发布环节，为消费者提供准确完善的产品信息。

暗影精灵作为惠普电脑的游戏品牌，自上市以来，受到了广大消费者的关注与热爱。我们为出现这样的疏忽再次郑重道歉，希望广大消费者可以继续支持暗影精灵游戏产品。

中国惠普有限公司
2017 年 8 月 10 日

圖 5-2
惠普公司聲明

公關部門的責任是站在社會輿論的角度上，為管理層提供明確思路。**即使在危機環境中存在「資訊太多、考慮太多、領導太多、睡眠太多」等情況，公關部門還是要把好聲明發表前的最後一道關，這考驗的是公關人員的經驗和職業敏感度。**

2018 年「空姐遇害事件」發生後，滴滴曾發表了一則懸賞百萬元緝拿兇手的聲明。聲明中還公布了犯罪嫌疑人的身分資訊。這則聲明發表不久，便被滴滴刪除了。

滴滴的這則懸賞聲明顯然是不夠成熟的，向公眾發布一個未經證實的犯罪嫌疑人的照片和個人資訊，同時也給滴滴貼上了一個它自己不想也不該承受的標籤。儘管在該聲明的措辭上謹慎地使用了「因涉及重要事項」，沒有說「緝拿凶犯」，但難免給人一種矯枉過正、急於表現的感覺。

反觀惠普，惠普在聲明中提到了兩種補償方案，這兩種補償方案均有一個關鍵字「三倍補償」。根據當時的報價，一台惠普暗影精靈 III 代 PLUS 筆電僅起步價就達到了 8999 元（人民幣），三倍賠償為 26997 元（人民幣）。如果你花費 10999 元（人民幣）購買了頂配機型筆電，就將得到 32997 元（人民幣）的三倍賠償。賠償的標準只有兩條：一是購買時間在 2017 年 8 月 1 日產品上市至 2017 年 8 月 3 日，二是購買地點在中國大陸。網友紛紛戲稱：這是一台可以發家致富的電腦。

惠普這種豪邁的做法非一般企業能媲美，相比之下，耐吉在「3‧15 晚會」被曝光其氣墊鞋沒有氣墊後，所發聲明中隻字不提責任，只提「我們對此失誤給消費者帶來的困擾和不便深表歉意」，和「在協調過程中，因對外界溝通不及時和資訊不全面而導致消費者產生顧慮或誤會，耐吉表示誠摯的歉意」。很顯然，耐吉閃爍其詞的聲明遠沒有惠普有誠意。

當然，這並不是要我們都效仿惠普採用高額賠償的方法，畢竟不是每家企業都有惠普那樣的底蘊。我們要將損失控制在合理的範圍之內，防止過度承擔。惠普雖然一擲千金，但其在進行賠償時，也嚴格對消費者的資料進行核實，防止有人渾水摸魚。

[3. 考慮行業影響]

　　我們在撰寫危機回應聲明時，還要跳出企業思維，站在大局上考慮行業影響。在群眾思維裡是存在「連坐」現象的，今天這家企業出現了問題，明天行業內那家企業也許會出現同樣的問題。

　　惠普公司在聲明的最後部分說：「暗影精靈作為惠普電腦的遊戲品牌，自上市以來，受到了廣大消費者的關注與熱愛。我們為出現這樣的疏忽再次鄭重道歉，希望廣大消費者可以繼續支援暗影精靈遊戲產品。」用誠摯的態度，再次表明道歉的誠意與改過的決心。作為全球首屈一指的電腦公司之一，惠普的一舉一動都備受關注，尤其出現品牌危機時，惠普的公關不僅代表了惠普公司的責任和擔當，更體現了互聯網行業的核心價值觀。

不請自來的媒體是你的面試官，群眾就是評分人

在我們找工作之初，幾乎每天都會奔波於各種面試之中，在工作穩定後，面試這一詞就離我們愈發遙遠。而在品牌公關這個職位上，面試遠不止於此。在品牌危機發生後，**那些不請自來的媒體就是你的面試官，而廣大群眾就是你的評分人。**

想像這樣一個畫面：你所在的工廠出了事故，電視台記者聞風而至，堵在工廠門口，而工廠主管還沒準備好接受採訪，你該如何應對？

首先，必須要保持一個冷靜的心態，品牌危機出現，引來不速之客是難免的。我們就把它當作一次對我們公關能力的檢驗，切勿手忙腳亂，愈描愈黑。其次，還要注意這樣幾個問題：

[原則上不要拒絕記者進入工作區域]

在記者抵達你的公司後，將記者拒之門外並不是一個高明的做法，我們可以允許他們進入工作區域，將他們安排到舒適的會議室，用日常溝通語言緩解緊張情緒。除非是涉及商業機密，否則不要有阻擋攝影機的肢體動作。

我從新華社記者轉職品牌公關時，剛上班三天就遇到一個危機。我服務的生力啤酒公司是中國奧會合作夥伴，根據贊助協定，酒標上印有中國奧會的標誌。有群眾反映，餐館裡喝完的酒瓶散落在桌上，而酒標上印著國旗，觀感甚差。媒體報導稱，這家公司涉嫌違反《國旗法》，應該遭到譴責。

事件發生後，北京電視台記者闖到公司要求採訪長官。我出面接待時，電視台記者一行三人正在等待，攝影機就直直地對著我。我當時的表情是友好、

嚴肅又凝重的。因為我明白，自己的一舉一動代表著公司的態度，試想，如果你的公司涉嫌違法，引起了眾怒，你還能嬉皮笑臉嗎？

後來我把記者引到公司內部，向他們解釋公司正在了解相關情況，具體內容我無從得知，並請求：「我們非正式溝通一下，您能先把攝影機關上嗎？」終於，攝影機上的紅燈滅了。

最後，這個問題得到了圓滿解決，公司與中國奧會、國家工商總局廣告司做了深度溝通，確認這是當年廣告法的一個漏洞，後來中國奧會啟用了沒有國旗的商用標識。在整個事件中，品牌公關代表公司呈現給記者的是謹慎負責、嚴肅認真的形象，避免了危機發酵對公司的二次傷害。

相比之下，蘋果公司因服務問題被央視「3·15 晚會」曝光，最開始的道歉含糊不清，媒體窮追不捨，於是央視就播出了蘋果員工伸手遮擋鏡頭的畫面，指責蘋果公司傲慢無禮，對蘋果公司的形象造成了進一步傷害。

所以，面對記者的不請自來，無論事件原委如何，首先要保證態度端正，不能在鏡頭前落下把柄。

[讓最有經驗的品牌公關人員應對記者]

儘量不要讓沒有媒體應對經驗的公司長官直接面對記者。**在媒體面前發聲，特別是在進行危機公關時，一言既出，駟馬難追。**如果有一步踏錯，都可能為他自己和公司帶來極大損失。

有一次，我所在的跨國公司的工廠裡有二十多名合約員工未獲續約，這些都是服務多年的老工人，他們將此事上報給了電視台。我得知消息時，記者已經在路上。我立刻派遣一名以前做過記者的部下，並向他確定了幾個原則：

1・不要讓廠長面對攝影機，因為我知道他沒有受過媒體應對技巧培訓。

2・勞務公司的主管已經到了現場，他們與獨立合約員工有正式法律契約關係，先請他給記者介紹一下情況，解釋《勞動法》的規定。

3・幫助勞務公司主管談核心問題，不要涉及我公司業務情況、產品與盈利等內容。

這條電視新聞播出後，基本上都是就事論事：工人投訴的經過、《勞動法》的相關規定和簡單的事件評述。新聞中完全沒有提及公司的任何業務狀況。實際上，合約員工不續約的真實原因是當時那個工廠的業務狀況並不是很好，而我們不希望因為這個事件引發公眾對公司業務的討論。

[發言人在迅速了解與危機相關的最新事實和立場後，勇敢面對媒體]

危機回應聲明的四要素是事實、態度、原因、措施。在危機中應對記者的不請自來，多數情況下四個要素會是殘缺不全的，如果事實還未浮出水面，在涉及法律和道德層面時，我們可以拒絕採訪，暫時擱置。

但當公眾利益受到損害時，企業的選擇不應是等待，而應是積極應對。比如發生人員傷亡事故和重大品質事故時，企業就必須要站出來。在這種情況下，企業要保證對四個要素中的一個或者兩個有非常明確的理解，事實不清楚時有態度，原因不清楚時講措施。

發言人就是企業的五官，牽一髮而動全身

企業新聞發言人，顧名思義，是代表企業發表資訊和意見的人。**他將企業與外界的壁壘打破，建立起溝通的橋梁。同時，也將企業的生死榮辱綁在了自己的身上。**企業遭遇危機時，大眾的炮火第一時間會落到發言人身上，而發言人的一舉一動都備受矚目。那麼，作為企業的新聞發言人，到底需要哪些基本素質和溝通技巧呢？

稱職企業發言人的基本素質

代表公司站到第一線的新聞發言人，一言一行都代表了企業，要能當個稱職的發言人，最好具備以下四種素質：

[清晰的口語表達能力]

在公眾場合將一件事情說清楚、道理講明白，實非一件易事。這要求我們思路清晰、表達流暢且沒有過多口頭語。對於企業新聞發言人來說，就是要明確講話的核心資訊，將關鍵要點與整體邏輯清楚地傳遞給大眾。比如，在危機公關中你要說明事實、態度、原因和措施：「我們對發生這樣的事故深表痛心，對公眾造成的影響誠懇道歉，化學產品的外洩已經得到控制，我們正在全力配合政府調查事故的原因，管理層正深刻反思公司制度和流程。」

口頭語似乎是大多數人的通病，不僅普通人如此，很多企業高階主管甚至名人，在講話時也會出現「嗯、啊」這樣口頭語的習慣。美國 Toastmaster（演講俱樂部）的培訓方法中，有一項專門記錄演講人使用的「嗯」和「啊」的次數。

我們也可以把自己的講話錄下來，相信很多人都會吃驚自己使用「嗯」、「啊」之類口頭語的次數。過多的口頭語嚴重影響演講的流暢度，也讓傳播效果大打折扣，企業發言人在公開發言時要儘量減少這種情況。

[持重親和的外表形象]

縱觀國家領導人及各類政府機關的發言人，他們的形象無一例外都是穩重大氣又具有親和力。這些人站在公眾面前，有種讓人信服的力量。

我們在挑選發言人時，也要遵循這一標準，選擇形象持重親和的人。當然，也可以對發言人進行後天培訓。先天形象無法改變，但我們可以改變一個人的精神面貌和氣質特點。比如我曾經在一段時間裡講話特別嚴肅、呆板，經人指導與自我訓練後，我現在講話時嘴角會下意識上翹，給人的感覺好了很多。

[廣博的學識]

發言人要對企業的相關產品、技術與相關政策法規有深度的認識。如果發言人的講話膚淺無知或是出現技術漏洞，那無疑是自取其辱，對企業和發言人自身都是一種傷害。

[強大的抗壓能力]

一般來講，危機公關發言現場的氣氛充滿了不安、失望、困惑，甚至敵意，這就要求發言人必須具備強大的心理素質和抗壓能力，在高壓狀態下依然能夠清晰地闡述企業的核心資訊。

以上四點就是企業發言人應該具備的素質；硬體條件滿足後，發言人還要學會幾個基本的技巧。

發言人必修的發言基本技巧

發言人不是只會開口說話就行，還得具備戰略高度，知道該如何說、怎麼說，聰明設置議題、主導對話，讓每一次的發言都能替企業加分。

[設置議題，主導對話]

發言人不是回答人，身為發言人要學會主導對話。你要做的是確立表達主題，讓所有內容圍繞主題展開。比如，如果你想表達公司的戰略是從線上電商向線下零售擴展，就要準備相關的事實和洞察，包括消費趨勢調查、線下商業的流量和銷售額的上升，表示公司透過收購已經具備比其他電商更有優勢的線下能力。這就是設置議題，主導對話。

[用「搭橋法」和「揮旗法」引導話題]

如果記者沒有按照你設置的議題進行提問，而是問一些風馬牛不相及的問題，這時就要用上「搭橋法」和「揮旗法」。

1・搭橋法

「搭橋法」就是把問題與你想表達的主題聯繫起來，然後開始討論你想表達的主題。

比如，你想談論線下零售，可記者問你怎麼看待北京霧霾，你可以接過話題：「霧霾確實是大家都關心的問題。」然後「搭橋」：「霧霾問題歸根結柢是一個平衡發展和環境的問題，實現環保的、可持續的發展是有遠見的企業都關注的主題。」最後提出核心資訊：「我們公司提出的從電商向線下零售轉移

的戰略，就是一種新的可持續發展模式。」這時，就將話題引到了我們要表達的主題上，接下來，你就可以進行自己的敘述。

2・揮旗法

「揮旗法」則是像導遊帶領遊客那樣，用揮旗的方法吸引遊客注意。

繼續剛才的例子。當記者問你怎樣看待北京霧霾時，你可以回答：「你問的問題很重要，但是我們可以有一個不同的視角，就是經濟的可持續發展問題。」接下來將話題引到正軌，從而上來將眾人的注意力吸引過去。

3・專注現有事實，迴避假設性問題

很多記者為讓新聞更有爆點，經常會給發言人設下陷阱。

比如，你說公司的食品衛生完全符合國家標準。記者問：「假如真的有人吃壞肚子怎麼辦，你們會承擔什麼責任？」

此時經驗欠缺的發言人就會掉進陷阱：「如果真的有人吃壞肚子，我們確定事實後會賠償。」

記者追問：「你們賠償的標準是什麼？如果顧客吃了以後影響工作，損失了一個億，你們如何賠償？」

回答：「如果是我們的責任，那砸鍋賣鐵也要賠償。」

這樣一番對話下來，本來主題明確的發表會，最後新聞報導的卻是企業如何賠償一個億。顯然發言人是被記者有心引導，反而讓事實淹沒在了子虛烏有的事件中。

對待這種問題我們可以迴避假設，專注於現有事實，表明自己的產品是合格的，品牌是優質的。如果記者窮追不捨，硬要讓你回答假設性問題，你可以選擇反駁他：「我已經強調過，我們要面對現實。並且我們對自己的產品有信心，公司有嚴密的措施保障食品安全。」發言人在必要時刻也需要表現得強硬一點，堅決不落入記者的圈套中。

企業新聞發言人是企業的五官，替企業觀察，為企業傳達。這個職位上的人必須內外兼修，八面玲瓏。成為一個優秀的企業新聞發言人任重道遠，這是一門非常注重實戰的學問，想要有所進益，必須在掌握基本技巧的情況下，多做實際演練。

5

危機公關管理

產品品質危機的應對之道

· · · · · · · · · · · ·

在商業持續發展與商品形式不斷進化的同時，產品品質危機也層出不窮，甚至愈演愈烈。單單限定幾種危機形式完全沒有意義，因為它們滋生和變化的速度快到令人應接不暇。本節要討論的話題，就是如何處理產品的品質危機。

首先需要明確，**不是所有的產品品質危機都需要進行危機公關**。在關於產品的危機和準危機中，如果僅僅是一般性的對公司業績和產品的主觀看法，可以選擇回應或者不回應。但是如果影響到了產品銷售，那就一定要回應。

接下來，我們透過三種情況來判斷選用怎樣的策略進行危機公關。

[情況❶有確鑿證據證明產品確實有問題]

鐵證如山，如果公司的產品確實出現問題，我們是無法推脫也無需推脫的。比如大眾汽車 DSG（直接換擋變速器）故障、三星手機的電池爆炸問題、冠生園把賣不出去的月餅重新製作出售以及影響全國乳品行業的「三聚氰胺事件」等，遇到這樣的問題，只有一個方法：真誠道歉，積極改進，尋求諒解，重塑品牌。

[情況❷品質或產品和服務的責任範圍及事實真相有爭議]

這類情況屬於產品確實存在問題，但範圍很難界定，這就需要我們在危機公關中充分考慮誰出面聲明、什麼時間聲明、對事實的描述方式、在什麼範圍內道歉，以及對何事道歉等問題。

2017 年 3 月 22 日，某著名演員投資的火鍋店被曝出「用牛血兌水冒充鴨血，沒有一滴鴨血」。隨後有記者臥底火鍋店，將「鴨血」從進店到販賣的過程一一拍攝下來，並將兩份「鴨血」送去檢驗，結果顯示兩份「鴨血」都是牛血。

事已至此，證據確鑿，網友們紛紛聲討。不過隨後某演員就在其個人微博上發表了道歉聲明，聲稱自己平時較少參與管理，不知道這種情況的存在，並會在接下來的時間裡加強監管。

雖然這篇道歉聲明回應迅速、言辭誠懇，但卻沒有徹底平息大家的憤怒。原因是這家火鍋店在成立之初，某演員就以「絕對安全、衛生、無汙染」的噱頭進行宣傳，最後竟然出現了如此惡劣的食品問題，著實讓人難以接受。而某演員的道歉中隻字不提違背承諾的事，自然難以服眾。

這一事件充分說明，明確「對什麼道歉」是產品品質危機公關中的關鍵要素之一。

[情況❸ 不明來源、競爭對手或媒體用缺乏說服力的事實攻擊產品]
面對不明來源、競爭對手或媒體用缺乏說服力的事實攻擊產品，可以選擇進攻型危機公關。

2017 年 5 月 23 日，「最生活」毛巾創辦人朱志軍，在企業公眾號上發表了一篇文章，名為〈致丁磊：能給創業者一條活路嗎？〉。文中指出網易嚴選的一款「阿瓦提長絨棉毛巾」和「與 G20 同款」的廣告語對「最生活」的產品構成侵權，並稱「最生活」已經與網易嚴選

進行了溝通，但未能得到理想回應。於是他們只能將此事發表在公眾號上，希望透過輿論解決。

這篇文章被迅速傳播，閱讀量呈幾何式成長。就在大家的質疑與憤懣聲中，網易嚴選在 24 日發表長文〈我有一個創業者的故事，你想聽嗎？〉，文章中指出「最生活」毛巾創辦人朱志軍以前的抄襲經歷，指責「毛巾事件」是對方監守自盜，企圖透過誹謗網易嚴選為自己的品牌造勢。同時表明，網易嚴選和最生活的供應商都是孚日集團，網易嚴選並未侵權。

事件的第一個反轉熱度未降，24 日夜，朱志軍再次發文〈致網易嚴選：你說我是「說謊者」，我只說些事實〉，將劇情又一次進行反轉，文中稱 G20 的合作商並不是網易嚴選。25 日，著名行銷人小馬宋發文指責網易嚴選的公關文重翻對手舊賬，是商業對壘中的胡攪蠻纏。因為朱志軍之前的抄襲事件已經解決，舊事重提不能說明朱志軍這次也是錯的。相反地，孚日公司雖然是網易嚴選的供應商，但 G20 專屬產品的名義不可以被隨便使用。最終，小馬宋還亮出了「殺手鐧」—— G20 峰會辦公室為「最生活」毛巾專屬產品頒發的授權證書。

雙方戰火不停，孚日公司終於出面發表聲明：其合作商「最生活」為 G20 峰會毛巾指定供應商，並希望網易嚴選最好不要在宣傳推廣中使用「G20」等相關字樣。

事已至此，真相大白。然而在這一番交戰中，身為理虧一方的網易嚴選卻並沒有遭受巨大損失。相反地，在理直氣壯的進攻型危機公關下，網易嚴選還收穫了更多流量，借機推高熱度。之後，網易嚴選順勢降價促銷這款產品，還在網易雲音樂平台專門發表了一首相關歌曲為毛巾做促銷，一時風頭無兩。雖然看似有點「耍賴」，但是可以看到互聯網時代新玩法層出不窮。

在所有不可控因素中，
代言人永遠是最不穩定的那一個
· · · · · · · · ·

作為企業的品牌公關，我們會遇到各種各樣的危機，有與道德、政治、產品相關的危機，也有特殊的危機，比如品牌代言人危機。時至今日，邀請各界知名人士為產品進行宣傳已經屢見不鮮，但**在所有不可控因素中，人永遠是最不穩定的那一個**。我們無法預料一個人今後的發展，也不能操控任何人的所作所為。

那麼，當企業的品牌代言人出現問題時，企業應如何來應對？一旦發生品牌代言人危機，同樣要在第一時間內確認事實，這是最關鍵的一步。代言人受關注的程度高、目標大，經常會有各式各樣的負面新聞；在這些新聞裡，有些是謠言，而有些可能是事實。由於我們不是代言人團隊的危機公關，所以我們的主要工作是在企業遭遇品牌代言人危機時，迅速確定基本事實。

確認事實後，我們就從三種情況了解應如何解決危機。

[道德危機]

當代言人出現道德層面的危機時，品牌公關需要根據事實、企業價值觀與公眾價值觀的接受程度，選擇對代言人暫停代言、低調處理或徹底停止代言的處理方法。企業也可以根據事態發展，選擇被動聲明或者低調處理。

1・代言人觸犯法律

法律是道德的底線，代言人一旦被證實有違法行為，企業就要迅速進行廣告切割。

企業停止和違法代言人的合作，不僅表明了自身立場，更是為廣大群眾樹立了守法榜樣。

2‧代言人道德失格

與道德相關的出軌和緋聞事件最為常見，如果情況屬實，企業也應在廣告上迅速切割，避免在話題高峰期引發公眾對品牌的負面聯想。

2016 年國內某著名體育明星出軌遭曝光，該體育明星自己承認並向家人和公眾道歉，當時正值廣州車展開幕之前，其所代言的某汽車品牌迅速在展會和各種宣傳材料上撤下有其形象的廣告。

儘管該運動明星已經致歉並獲得了家人的原諒，但作為公眾人物，他在一段時間裡形象受損，企業當機立斷，避免傷害品牌是必要的。

相比出軌，緋聞事件更加司空見慣，企業需要時刻緊繃神經。

2017 年國內某女明星被拍到與男模特在泰國親密接觸，其代言的品牌都十分緊張，但是當時有消息稱她已經離婚。四天之後其配偶發聲明證實兩人已經離婚，本來新聞造成的嚴重負面影響瞬間減弱。

儘管消息曝出當天，有些代言品牌暫時撤掉了該明星的廣告，該明星的廣告價值也受到了影響；但對企業品牌來說，並非是真正的危機，可以選擇冷處理。

這些都是基於廣告方面的應對，品牌公關方面，企業最好選擇被動應對：當媒體詢問時，企業發言人簡單表示態度，盡量避免在官網或官微上發表措辭嚴厲的聲明。畢竟企業最初選擇代言人，就是認同了他的基本價值觀。代言人犯錯與品牌連坐，**譴責代言人在某種程度上就是在譴責自己**；同樣地，支持代言人會引來更多議論。所以在輿情高峰時期，企業最好低調行事。

有一種特殊情況是，明星不是產品的短期代言人，而是品牌的長期代言人。明星出現道德問題，品牌需要在明星的錯誤本身和企業認定的明星個人價值之間劃出界線。

2009 年，國外某明星被曝出患有性癮癖，與多名女性發生婚外關係，其長期代言的某運動品牌也受到世人和媒體的質問。對此，該運動品牌高階主管在接受媒體採訪時傳達的核心資訊是：他是一個優秀的運動員，我們一起開發了非常出色的產品。但是發言人只講該高爾夫明星的事業成就，對其他問題避而不談。

這樣的回應符合該運動品牌的理念——一直都把代言的明星運動員當成家人。他們犯了錯，品牌不會遮掩，但也不會因此而拋棄代言人。該運動品牌認同了該明星的職業素質與個人價值，包容了他的錯誤。

[政治危機]

如果是明星本人的政治立場與代言企業的價值觀相悖，企業要果斷停用代言人；如果明星因為自己不能選擇的國籍或者身分與企業的利益有衝突，企業可以停止使用代言人或者冷處理。這就需要企業做出正確決斷。

2016 年，蘭蔻在香港的團隊邀請「港獨」藝人參加音樂會。蘭蔻的香港和內地業務屬於不同的團隊管理，這件事被《環球時報》點名後在內地引起公眾抗議浪潮，後來蘭蔻法國總部發表道歉信，表示不會邀請主張「港獨」的藝人參加企業活動。

「港獨」問題十分嚴峻，如果有人涉及，企業無須猶豫，要立刻進行切割。如果代言人不是因為政治主張而純粹因為自己不能控制的身分造成不便，比如中韓關係因為韓國部署薩德導彈而惡化，影響到許多用韓國藝人代言的中國品牌。這種情況，只需在廣告上低調處理，品牌公關方面也不必特別發表聲明。

[「產品」危機]

代言人因為身體或者個人不可控的原因不能持續獲得公眾關注，這算不上真正的危機，但它考驗企業的品牌實力。企業應該選擇和代言人共渡難關，這樣可能暫時損失商業利益，但會獲得品牌聲譽。

從 2008 年到 2012 年，一直堅持用劉翔做代言的品牌只有兩個——耐吉與可口可樂，都是美國公司。

他們為什麼在 2018 年北京奧運會上劉翔遭到巨大挫折，商業價值急劇下降的情況下仍不離不棄？《商業週刊（中文版）》的一篇報導裡有一句話：「選擇劉翔需要專業，不放棄劉翔則需要勇氣，尤其是價值觀。」

劉翔在奧運會上退賽後，耐吉的廣告是：「愛比賽，愛拚上所有的尊嚴，愛把它再贏回來，愛付出一切；愛榮耀，愛挫折，愛運動，即使它傷了你的心。」

我們常說**錦上添花易，雪中送炭難**，「**卸磨殺驢**」往往令人心寒。耐吉的這種與代言人同患難的精神，著實令人動容，劉翔的身影已然十分高大，耐吉的形象似乎也愈發光輝起來。

　　當然，與其事後處理，不如事前防範。企業在選擇代言人時需要謹慎評定、仔細斟酌。雖然俗話說「人非聖賢，孰能無過」，但我們也要儘量選擇為人正直的代言人，即便他出現錯誤也能努力改正，最大限度地降低企業的損失。

CHAPTER 6

第六章
· · ·
員工溝通與雇主品牌管理
人才是企業的第一主語

人，是企業永恆的主語，也是企業持續發展的根基。人才
招聘與管理是企業一切工作的重中之重，也是品牌公關工
作中不可忽視的一個重要環節。在人的問題上，金錢永遠
不是最佳的解決方式，真正的技巧在於，如何通過良好的
員工溝通與雇主品牌管理，讓人心甘情願地為企業服務。

只有讓員工真正理解戰略，才有可能高效實施
· ·

　　無溝通，不企業。與員工保持長期有效的溝通，是保證企業各項工作有條不紊、穩定發展的必要前提。中國國內企業之前大多由黨委、團委、工會負責內部溝通，伴隨著我國經濟的不斷發展，愈來愈多的外商湧入中國，這些公司大多並沒有正式的黨委和團委，所以員工溝通就成了公司管理層非常重視的一件事。那麼，員工溝通都做些什麼呢？

[傳播企業戰略]

　　簡單來說，傳播企業戰略就是把企業的業務目標傳達給員工，讓員工為了一個共同的目標努力。企業的戰略應該是簡單清晰的。

支付寶說要讓人「知託付」，GE 公司說我們要成為一家「數位化工業公司」，IBM（國際商業機器公司）說我們要做「認知商業」，百度說我們要成為一家人工智慧公司⋯⋯

這些目標看似簡單，但是其背後蘊含著深刻的含義。為什麼要讓員工知道這些？理由非常充分：實現企業的戰略要靠員工，**只有讓員工對戰略有真正的理解，戰略才有可能被高效實施**。另一方面，在這個追求個性的互聯網時代，員工能夠自我賦能的企業才有活力。企業戰略會影響員工的切身利益，因此他們必須清楚企業戰略，特別是明白戰略的變化對他們意味著什麼。

企業戰略不是口號，它影響每個員工的行動。比如傳統的製造企業要利用工業大數據改變服務模式，原來的工業技術工程師要被軟體工程師取代；如果汽車企業要向新能源轉型，燃油發動機專家要被電動系統專家取代；公司從線下零售業務向線上電商轉移，很多線下商店的員工就要面臨失業風險。需要強調的是，愈是在企業戰略轉折和重塑階段，員工溝通就愈重要。

[傳播企業文化]

和企業戰略相同，企業文化也應具有明確的含義，而不僅僅是「誠信、創新、奮鬥、玩命」這樣簡單描述價值觀的詞彙。

以我工作過十五年的 GE 公司為例，企業價值觀的表述，每隔幾年就會發生一次變化。2000 年傑克・威爾許時期的企業價值觀是四個 E：

Energy（能量）、Energize（賦能）、Edge（銳氣）和 Execution（執行）。到了 2014 年，伊梅特董事長提出讓 GE 成為「數位化工業公司」，價值觀的表達中有了「學以恒，善應變；敢授權，互激勵」這樣充滿互聯網精神的詞彙，不再強調領導激勵員工幹活，而是授權給員工，讓他們相互激勵。

所有這些價值觀的表達，都對應著非常詳細的行為描述，公司以此作為考察員工的標準。能不能提拔，發多少獎金，要看員工的價值觀和業績兩個維度。而讓價值觀被員工理解和接受，就是員工溝通部門要做的事。

通常情況下，文化強大的企業有兩個特徵：一是企業價值觀被用來作為衡量員工表現的重要維度；二是企業員工都具有某種行為特徵，**即使已經離開公司很久的人，身上也有相似的影子。**

[豐富員工生活]

企業應組織員工開展文體活動（文藝活動和體育活動的總稱）、年會以及團隊建設等。現在很多公司的年會成了員工的才藝秀場，帶有很強的企業文化標籤。

員工溝通這個職能，現在聽起來既重要又瑣碎，那麼，到底是公關部負責還是人力資源部負責呢？現實的情況是，兩者都有。我在企業多年，一直負責品牌公關，也一直負責員工溝通。雖然這個業務是在公關部下面，但是員工溝通的負責人需要與人力資源部密切合作。同樣，有的公司將員工溝通這個職能放在人力資源部下面，負責人也需要與公關部密切溝通。

所以，我們不用特別在意員工溝通屬於哪個部門，重要的是，讓這個職能為企業的發展和員工職業理想的實現，提供專業見解和優質服務。

找到並留住人才，
不僅是雇主品牌問題，也是財務和戰略問題
· · · · · · ·

所謂雇主品牌，指的是一個企業對員工提供的獨特價值，簡單來說，就是把員工溝通上升到企業品牌和戰略的高度，在目標和方法上都有更多的規律可循。那麼，雇主品牌與企業品牌、產品品牌之間，到底有什麼關係呢？我們不妨透過圖 6-1 進行比較。

說到谷歌你會想到什麼？想到創新的精神？這是企業品牌。想到搜尋引擎、人工智慧和無人駕駛？這是產品品牌。如果你聽說谷歌工程師在那個傳說中的工作環境裡一起工作，一起研究改變世界的方法，這就是雇主品牌。

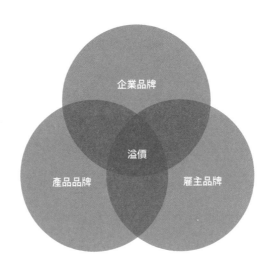

圖 6-1
企業品牌、產品品牌和雇主品牌的關係

再來看看華為。提起華為，你會想到什麼？想到華為的交換機、基站、智慧終端、榮耀手機？這些是產品品牌。想到中國企業的驕傲、全球化品牌，與全球頂尖的跨國公司硬碰硬競爭？這是企業品牌。想到華為員工的奉獻精神和狼性文化？這是雇主品牌。

企業品牌、產品品牌和雇主品牌，三者是相互融合的；比如你看到蘋果手機就想到賈伯斯，想到一個打開了智慧手機新天地的公司。很多公司有自己的前員工群，比如百度有「百老匯」，騰訊離職員工有「南極圈」，網易有「離易」……無論這些「前員工」從事什麼工作，他們都有一個共同的標籤。那段經歷、那種由企業文化形成的特定的人的職場體驗，就是帶有企業品牌光環的雇主品牌。

有些公司並沒有過高的知名度，比如現在很多新型的科技創業公司，員工們可以在這裡做自己喜歡的事，可以帶寵物來上班，可以穿拖鞋或者光腳，可以與老闆吵架。雖然和很多大型企業相比，這裡的工資並不高，但是他們更願意在這樣的環境裡工作，這就是雇主品牌。

企業做的任何事情，包括商業社會中所有的產品、服務、工作崗位，都來自某種需求。而對雇主品牌的需求大多來自這麼幾個方面：企業跟競爭品牌爭奪人才；員工流失率高，招人和培訓成本高，影響企業業績；企業業務轉型需要特別專業群體人才等。**作為企業的創辦人或者管理者，最大的問題永遠是「如何找到並留住人才」**。吸引人才當然離不開利益，但是這並不是最重要的。在中國各種市場調查中，人才第一需要的不是錢，而是職業發展機會。

在一個企業本身和產品都還沒有獲得足夠市場認可的時候，創造並傳播一種獨特的文化，不失為一種低成本和高效率的獲得人才的絕佳方法。同樣，在知名企業間爭奪人才的過程中，擁有獨特雇主品牌的企業，也往往更容易獲得先機。

我在 GE 工作的時候，常年主管雇主品牌，這是品牌公關部和人力資源部共同負責的領域。有段時間，企業人才的非自然流失率不斷上升，一度升至 12%，雇主品牌一度成為我們的工作重點。而對於 GE 這樣規模的工業企業而言，如果人才非自然流失率高於 12%，就會給企業帶來較大的不良影響。如果能夠把這個數字降低到 8%，每年可以節省下的招聘費用、新員工培訓費用、損失的工時和效率折合的費用可以達到 5000 萬元以上。

所以，**做好雇主品牌，讓人才願意來，讓優秀人才不輕易被競爭對手「挖」走**，這不單是品牌的問題，也是一個財務問題，一個戰略問題。

GE 和中航工業曾經合資在上海成立了一個叫作昂際航電的企業，主要為中國的 C919 大飛機提供航空電子設備。這個領域的核心人才非常難得，全球只有幾百人，如何將這些人吸引到中國，到昂際航電工作，就成了當時非常大的一個難題。對於一個成立不久、缺乏名氣，甚至還沒有產品的企業而言，雇主品牌是吸引這些人才的唯一有力武器。

因此，我們就圍繞品牌公關的方法論，從品牌定位、品牌管理和品牌傳播的角度，塑造昂際航電這個雇主品牌。我們告訴那些全球的航電專家：

這是一個讓自己已經趨於平淡的職場迸發出火花的機會。

這是一個共同改變全球航空格局的機會。

這是一個投資開發最先進航空電子技術的機會。

這是一個全球人才共同合作的機會。

你們將支援的產品是自從四十年前空中巴士誕生以後，第一個橫空出世的大型客機，它將用世界的技術在中國組裝。

如果你是一個在美國俄亥俄州每天準時上下班的航空工程師，聽了這些會不會有點激動？我們做了很多雇主品牌的傳播，包括海外招聘會，拍攝在中國的國際工程師生活的影片，講述企業的創新、全球團隊的融合、員工參與全球大型新專案的自豪感……這些傳播的目的就是一個，讓全球最好的航空電子工程師到上海，把他們留住，讓他們在昂際航電實現自己的夢想。

　　類似的例子還有很多。對於那些剛剛起步或者正在轉型的企業而言，與建立一個強大的企業品牌相比，雖然建立一個強大的雇主品牌也需要時間，但是更快、更直接。

　　需要注意的是，毀掉一個雇主品牌同樣也非常容易；如果不能有效處理好突發的危機，企業在重大變革中沒有做好員工溝通工作，都會讓雇主品牌建設的多年努力付之東流。因此，建立與維護雇主品牌的過程中，一定要倍加小心，無論何時，都不可掉以輕心。

雇主品牌管理的「金字塔架構」
· · · · · · · · · · · ·

雇主品牌管理可以借鑒品牌管理的所有方法論，因此，我一直主張雇主品牌這個職能應該放在品牌公關部下面，而不是人力資源部下面。當然，雇主品牌在企業內部最重要的利益相關部門就是人力資源部。

需要強調的是，雇主品牌 60% 來自價值觀和人力資源政策，40% 來自傳播。如果企業的待遇差、管理差、員工餐廳差，無論怎麼傳播也不可能起到良好效果。這就相當於**如果企業的產品很差，再強大的廣告和公關也不可能改變公眾的認知**。

雇主品牌管理的架構類似一個金字塔，塔的基礎是企業的價值觀，基礎的上面是人力資源政策，包括人才發展體系、福利待遇等；再往上是偏品牌傳播的部分，包括品牌表達、品牌傳播和效果衡量（見圖6-2）。

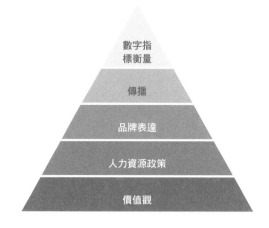

圖 6-2 —— 雇主品牌管理的「金字塔架構」

［價值觀］

價值觀是品牌的基礎。許多企業喜歡將價值觀掛在牆上或者印在卡片上，甚至要求員工倒背如流。實際上，**真正具有影響力的企業價值觀，首先是體現在企業與老闆層面的言之必行**。如果你強調誠信、法令遵循，那麼從 CEO 開始，就不能有任何造假、欺騙、違法行為。

價值觀還應和人力資源評估體系一致。**價值觀不是空洞的口號，而是包含具體的行為準則**，是衡量員工的職位、薪資和獎金的標準之一，至少占到 50%，另外的 50% 是業績。此外，還要注意價值觀的表達應簡潔，具有差異化，讓人很容易記住或者聯想到。我們都會記得谷歌的價值觀「不作惡」，非常簡單且與眾不同。谷歌可以利用技術優勢做很多事情，但是他選擇不做違背價值觀的事情。

優秀企業價值觀的核心是穩定不變的，但是價值觀表達可以隨著時代變革而不斷更新，比如 GE 公司的價值觀表達在過去二十年就至少有五個版本。有些公司的價值觀表達長期不變，最著名的就是嬌生公司的「我們的信條」(Our Credo)。它是 1943 年公司上市前夕，由第三任董事長羅伯特・伍德・約翰遜將軍寫下的四個原則：

> 首先，關注我們的客戶：關注世界上所有的醫生、護士及父母們；其次，關注自己的員工，並尊重他們的尊嚴和價值；再次，關注我們的社會，時刻提醒自己為社會做出貢獻，維護我們所共有的財產；最後，關注股東的利益，給股東們合理的回報。

如今，在嬌生公司任何經營辦公場所，都可以在醒目位置看到「我們的信條」，許多離開嬌生多年的員工，也對信條記憶深刻。

[人力資源政策]

制訂人力資源政策並不是品牌公關部的主要職責，但是我們可以幫助推動。品牌公關部可以從雇主品牌的角度建立從招聘到人才發展，再到離職員工管理這一套完整的政策，比如寶鹼公司著名的管理培訓生體系、星巴克的「夥伴文化」和拜耳公司的「超級實習生」專案。

此外，人力資源政策也囊括公司的交通車、員工餐廳、健身設施等員工福利。

[雇主品牌表達]

雇主品牌是不是需要一個獨特的、區別於企業品牌的表達？這是一個有爭議的話題。事實上，任何企業的雇主品牌，都可以確定一個獨立的品牌口號，比如拜耳公司的「敢想，勇為」，全球最大的單晶矽太陽能板生產企業隆基股份將雇主品牌口號確定為「光明的產業，共同的事業」。當然，你也可以選擇不提出或者不刻意推廣一個單獨的雇主品牌口號。

我曾經主持過 GE 公司在中國的雇主品牌專案，根據市場調查以及員工對工作環境、同事和職業發展的期待，確定了雇主品牌口號「同道，同行」，與企業品牌口號「想到，做到」既呼應又區別，一度獲得很好的傳播效果。

[雇主品牌傳播]

與企業品牌的傳播一樣，雇主品牌的傳播可以利用廣告、公關、內容行銷、線上線下活動等方式，針對的受眾主要是現有員工和潛在員工。

對企業品牌的衡量，要看品牌在目標客戶中的知名度和美譽度，品牌為企業業績帶來的直接和間接效果。雇主品牌的衡量也是如此，在知名度和美譽度方面，可以透過員工調查和市場調查，了解其對企業作為一個雇主的滿意度和認知；在業績效果方面，可以透過企業的員工合理流失率指標和招聘成本是否下降來考量。對於品牌而言，溢價有一個非常重要的作用：將同樣的東西賣出更高的價格。這點作用到雇主品牌上，就是企業可以用更低的價格招來並留住更高品質的人才。

綜上所述，雇主品牌管理需要做好以上五項工作，從企業價值觀的表達到用數字指標衡量雇主品牌的效果，五者環環相扣，緊密相連，每項工作，都需要我們付出絕對的努力，不可敷衍了事，一不留神就有可能功虧一簣。

6

員工溝通與雇主品牌管理

企業和員工的所有接觸點，
都是雇主品牌的傳播機會
· · · · · · · · · · · ·

在經濟不斷發展的今天，人們擁有愈來愈多的工作選擇權，人才逐步成為各個公司爭搶的重要資源。在這樣的情況下，愈來愈多的企業開始意識到打造雇主品牌的重要性，世界各地的企業紛紛加強了雇主品牌資訊的傳遞工作，力圖通過雇主品牌影響力來吸引員工加入。如何快速提升雇主品牌影響力，已經成為眾多企業高度關注的一個問題。

由於雇主品牌的主要受眾是員工和潛在員工，因此我們可以從場景思維的角度考慮，一個員工，從觀望、申請到參加面試、入職，再到職業發展和離職，企業和員工的所有接觸點，都是品牌傳播的機會。簡單來說，快速提升雇主品牌影響力，有這樣幾個方法：

[為不同發展階段的員工建立符合他們需求的品牌體驗]

員工和一個雇主的接觸點有多少？我們以一個大學生到企業工作為例：從校園招聘中了解企業，到去企業做實習生、在學生圈中交流，再到參加跟企業有關的商業大賽——這是求職前的體驗；入職體驗包括接到面試邀請函、參加面試、收到 Offer（錄取通知）或者拒絕信；入職後體驗則包括第一天上班、參加職位培訓、接受績效管理、與同事合作、規劃職業路徑、升職和離職等（見圖 6-3）。

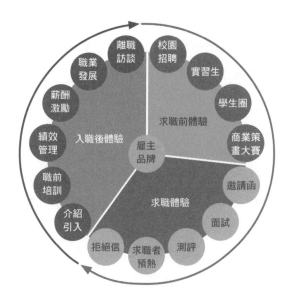

圖 6-3 —— 員工和一個雇主的接觸點

　　做雇主品牌傳播，要考慮在不同的員工接觸點做不同的工作：首先是改進和加強已有的傳播，比如校園招聘；其次，就是找到在重要接觸點上缺失的傳播，比如很多企業都沒有考慮如何寫招聘廣告，如何寫面試拒絕信，員工上班第一天的體驗應該是怎樣的，員工離職的時候應該收到怎樣的資訊或者禮物，等等。有的企業對於招聘廣告缺乏嚴格統一的管理，導致任何人都可以隨意發布企業招聘資訊，有時還會因為言辭不當，比如「不要長得醜的」、「不要某某地方的人」等，引發市場對企業價值觀的懷疑。

　　有一位人力資源面試官在知乎上問了這樣一個問題：「面試失敗後，你收到的最有情懷的拒絕信是怎樣的？」大多數人的回答都是說拒絕信都是冷冰冰的。但是，如果拒絕信能這樣說：「你的專業能力給我們留下了深刻印象，但

是因為與我們的要求匹配度不高，暫時不能加入我們。我們將把你的資料存入公司人才庫，將來有合適的機會一定第一時間通知你。希望你儘快找到適合你的公司，在未來的事業中一展身手，成就夢想。公司希望和你成為朋友，期待著下一次的重逢。」這樣的拒絕信，是不是顯得更有「人情味」。

拜耳公司每年都舉辦「超級實習生」專案，選拔優秀大學生與公司高階主管一起工作，觀察高階主管如何思考、如何安排時間、如何做出業務決策、如何與人溝通等，為大學生提供職場發展的第一個高價值體驗。

他們邀請學生錄製影片，在朋友圈獲得點贊，然後對入選第二階段的一百五十名學生進行評估，根據拜耳「敢想，勇為」的雇主品牌，選拔出二十名候選人，最後通過現場決賽，由管理層選出八名「超級實習生」。這樣的活動，每次都在傳統媒體和自媒體上廣泛傳播，提升了拜耳的雇主品牌，更多的優秀學生喜歡在這樣的企業工作或者參加體驗。

找到重要接觸點上缺失的傳播並不難，因為**雇主品牌的傳播者本身也是體驗者**。幾乎每個人都是某企業的員工和另一個企業的前員工。有的企業，把吸引優秀人才「二進宮」作為人才發展的重要戰略，許多人在離開了之後才會發現那裡最值得留戀，希望能夠重新加入，這就是雇主品牌的作用。

[創造優質內容讓員工自覺轉發，以及讓員工自發創造傳播內容]
社群媒體時代的傳播不再單向靜止，而是多向動態。過去我們做員工溝通工作，主要就是做員工通信，而現在我們更多的是希望能夠與員工進行更為直接的互動，吸引員工主動加入到傳播中來。

通常情況下，員工喜歡轉發的企業內容分為以下幾種：

1‧企業獲得重大成就的新聞

企業獲得國家重要獎項或者企業有影響力的產品發布，都容易讓員工產生強烈的自豪感，他們會迫不及待地想要和朋友分享。這既是企業品牌又是產品品牌，當然也是雇主品牌。

2‧員工自己的故事

有才、有個性、有特點的員工的故事，也很容易引發員工的轉發興趣。

比如同事的本職工作是工程師，但還是著名京劇票友；公司創辦人多次登上珠穆朗瑪峰；公司家庭日上同事可愛的孩子；在冰天雪地裡修建鐵路的工人；為女同事送上一束表達愛情的鮮花……這樣的內容既可以由公司發布，員工也樂意自己創造並傳播。

3‧公司創作的受朋友圈歡迎的廣告和新媒體內容

富有創意的、有趣的內容，通常更容易吸引人們的注意，讓人主動傳播。

美國多元化工業企業霍尼韋爾公司看了《中國有嘻哈》後，也發表了一段 Hip-Hop（街舞）的影片，藉此向外宣傳了自己的業績，調侃了競爭對手 GE，還把川普總統的錄音合成為「Honeywell, Great Company（霍尼韋爾，偉大的公司）」放了進去。這條微信在官微上推出後，不到二十四小時就有了三萬多的閱讀量，是其公眾號平均閱讀量的好幾倍。

[建立 CEO 和不同層級員工的品牌大使制度]

各種市場調查表明，公司創辦人、CEO 在雇主品牌中起到的作用超乎想像，許多員工選擇加入公司的理由就是受領導人人格魅力的影響。因此，建立 CEO 和不同層級員工的品牌大使制度，也是提升雇主品牌影響力的一個不可忽視的重要手段。

有些企業 CEO 的個人魅力並不強大，或者國有企業不適合過於突出 CEO 個人，這種情況可以考慮建立不同層級的員工形象大使制度。如果你是一個環保企業，一名熱愛生態攝影的員工就可以做你的品牌大使；如果你是一家科技創新的企業，公司的超級碼農可以成為品牌大使……

需要強調的是，一定要注意員工的離職問題，要定期檢查並確認出現在公司海報和各種宣傳品上的員工是否還在公司，避免出現侵權現象。

雇主品牌對於企業的成功起著至關重要的作用，特別是對處於創業初期與轉型時期的企業而言，優秀的雇主品牌是幫助其吸引並留住人才最為直接也是最為有效的方法之一。因此，不斷提升雇主品牌影響力，是企業在發展過程中必不可少的一項工作，需要大家一起努力。

CHAPTER 7

第七章

· · ·

公共事務管理
橫跨公共關係和政府關係的橋梁

所謂公共事務,可以理解為用公共關係的方法影響政策的
政府關係,是橫跨公共關係和政府關係這兩個職能的橋梁。
在很多企業中,公共事務和公共關係通常是由一個人或者
一個團隊負責,兩個領域在目標上經常互通,在人才技能
的提升和職業發展方面也相互促進。

公共事務與品牌公關

· · · · · · · · ·

公共事務這個概念來自西方，英文叫 public affairs。「public」這個詞，很多人喜歡將它理解為公共、公眾的，實際上，它還有一個意思——政府的，與之對應的是 private，私營的、企業的。public affairs 指的便是政府事務。在英文裡經常提到的一個概念是政府和企業的夥伴關係，public-private partnership，簡稱PPP。

你可能要問，既然公共事務是指政府事務，那麼它和本書的主題——品牌公關有什麼關聯呢？為什麼要專門用一章的篇幅來講它？在本節中，將從以下幾個方面來解釋。

[公共事務與公共關係密切相關]

首先，我們要為公共事務下一個定義：公共事務是一種運用公共關係手段影響政策的政府關係。接下來，我們看一下公共事務與公共關係，或者說政府關係與公共關係的密切程度。有這樣兩個維度：

1・公共關係的重大議題往往與政府相關。
2・公共關係的方法可以用於政府關係。

公共關係的主要任務是建立和維護企業的聲譽，以平等溝通的方式說服受眾接受你的觀點，讓他們喜歡你、支持你。而公共關係中的目標受眾，除了消費者，還有一個非常重要的對象，就是政府。多數 B2B 企業的基本受眾就是兩個：企業決策者和政府官員。

如果是一個新能源企業，要從政府那裡得到更多的補貼和政策支援，那就需要溝通和說服；如果是一個高科技企業，要從政府獲得對所在產業的稅收和政策支持，也需要溝通和說服；如果是一個要參與「一帶一路」項目的企業，希望得到國家級金融機構的融資支持，同樣需要溝通和說服……

這樣的溝通和說服，當然首先是與政府的直接溝通，這也是企業公共事務部門的主要工作，他們需要帶著相關的文件資料向政府報告。在這方面，國企有明顯的便利和優勢，特別是國資委直接管理的央企，他們與政府的溝通，通常不會存在特別明顯的障礙；但是對民企和外企而言，這樣的溝通就顯得尤為重要，具備較強的專業性。

試想一下這樣的情景，如果你通過種種關係，終於找到了負責的政府官員，對方可能會對你的介紹出現兩種反應，一種是：「你們是什麼公司，怎麼從來沒聽說過？」另一種則是：「這個公司啊，挺有名的，上過央視，我們省委書

記接見過他們創辦人。」顯而易見，後一種情況對於接下來的溝通會更有利，這就是公共關係為公共事務建立的基礎。

所以，實現公共事務的目標，很大程度上要用到公共關係的方法。

公共事務的目標，比如希望政府頒布一項對你所在的行業和企業有利的法規，不是簡單通過找關係、見面、開會就能完成的。圍繞一項政策，政府需要調研，對一個行業進行深入了解，並借鑒其他行業以及國外同樣行業的經驗，這是一個非常複雜的流程。在中國，「遊說」（lobbying）並不是一種有法律保障和行業規範的行為；讓政府了解你，經常需要用到公共關係的方法，比如透過媒體報導，舉辦產品發布活動、行業論壇或者通過自媒體傳播等。

[在規模不大的企業，

公共事務和公共關係通常是由一個人或者一個團隊負責的]

在很多企業，特別是中小型企業中，公共關係和公共事務往往由一個人或者一個團隊負責。在公共關係的很多階段，最重要的就是公共事務。此外，一些知名度較高的大企業，還會成立專門的公共事務部門，由公共關係負責人或者政府關係負責人管理。我在 GE 做品牌公關負責人的時候，就曾經負責管理過公共事務這個職能，我並不在政府關係部，而是用公共關係的方法，來實現政府關係的目標。

[在對外溝通中，「公共事務」一詞比「政府關係」更好聽、更常用]

許多企業，特別是外資企業，都非常喜歡用「公共事務」這個概念，做政府關係的人喜歡在名片上寫「公共事務」，做公共關係的人也常常寫上「公共事務與傳播」（public affairs and communications）。

相較「政府關係」而言，「公共事務」一詞顯然更為含蓄一些，聽起來也更好聽。

簡單來說，公共事務這個來自西方的概念，在意義上基本等同於政府關係，但是包含很多公共關係的獨特方法。了解公共事務的範圍、目標和方法，對於品牌公關有著非常重要的影響。

公共事物的兩大關鍵詞：
議題設置＋媒體傳播
· · · · · · · · · · ·

　　對於品牌公關而言，公共事務管理是必不可少的一門課程。前文簡單講述了公共事務的定義以及其對於公關工作的重要性，那麼，作為一個懂公關的政府關係專業人員，公共事務經理到底需要負責做什麼？其主要工作內容又包含哪些？底下以 GE 的公共事務職位要求為例：

　　GE 公司公共事務職位的招聘要求，大致是這樣的：

　　職責：

　　支持政府關係部，為企業發展獲得有利的政策條件。

　　運用公共關係手段，包括但不限於媒體報導、政策建議文件、行業白皮書、政策論壇、行業交流等與政府進行建設性溝通。

　　為公司主要業務領域航空、能源、醫療提供政策發展提示和議題設置。

　　主要彙報上級：品牌公關部負責人。

　　虛線彙報上級：政府關係部負責人。

　　虛線彙報上級：全球公共事務負責人。

　　要求：

　　3 ～ 5 年政府、媒體或行業經驗。

　　了解政府決策過程，熟悉媒體工作流程。

　　優秀的中英文寫作能力。

公共事務管理

簡單來說，**公共事務的主要工作內容包含兩個關鍵字，即議題設置以及媒體傳播**。我們談公共關係的時候，出發點是公眾的需求，對某一種或某一類產品和服務的需求。公共事務則要從政府的需求出發，政府需要什麼？需要政績。政績包括什麼？促進經濟發展，制定市場規則，懲罰違法行為。

所以，無論是政府關係還是公共事務，都要首先考慮企業的利益，然後找到政府需求和企業利益的結合點。低級的政府關係，是有事求政府；高級的政府關係，是跟政府站在一起，根據政府的工作目標，設置傳播議題。

家樂福從 2002 年起，就參加了一個項目——四川花椒節，這是世界自然基金會（WWF）與家樂福攜手合作旨在保護當地野生大熊貓的長期項目。家樂福在大熊貓保護區幫助農民種花椒，以高於當地市場平均價的價格大量收購，然後在家樂福全國門店銷售。他們配合政府「加強零售通路食品安全管理」的政策，讓每個農戶供應家樂福一家門店，通過編碼可以查詢生產源頭，保證品質控制和食品安全。

家樂福在上海舉辦的「四川花椒節」展台促銷活動，上海市商委、工商局、四川省駐上海辦事處的領導都會參加。本來是企業的公關活動，因為跟政府食品安全管理、扶貧和西部開發政策相呼應，也成為最好的構建政府關係的活動。上海的媒體也爭相報導了這個活動，新聞標題是「家樂福賣花椒救熊貓」、「川椒賣給家樂福，四川熊貓不餓肚」。

[如何處理議題，掌握話語權？]

我在 GE 工作的時候，公司能源業務公共事務的目標是讓天然氣價格市場化。為此，公共事務部門曾經規劃了一系列論壇，請全球行業專家談這個話題，同時請政府官員參加，讓他們了解這個議題。

在醫療設備行業，新的業務增長點是民營醫院，銷售員的工作是向民營醫院銷售設備，公共事務的工作是發起民營醫院行業發展年度論壇，讓政府官員、學者、公立醫院、民營醫院和媒體一起參加討論，讓 GE 醫療在這個行業成為議題專家。

要知道，每多一分話語權，你就多了一次銷售的機會。影響政策需要時間和反覆的溝通，有時候不適合高調宣傳，更多的時候是為與政府的雙向溝通提供機會。

比如中國政府要求，所有化妝品都要經過動物測試，而國際善待動物組織和一些化妝品公司承諾不用動物做測試，主張採用有效的替代方法。

跨國公司如何平衡在中國和海外的利益，如何為政府提供有效的論據、科學的方法，證明不用動物測試，仍然可以保證為消費者提供安全的產品，這是一個長期的，而且不適合廣泛傳播的議題設置項目。

[好企業懂得做好議題設置]

議題設置不僅是大企業的工作，小企業也有機會，特別是在產業升級、消費升級、「大眾創業，萬眾創新」的大環境裡，中小企業參與的機會愈來愈多。像在達沃斯論壇、博鰲論壇、G20 峰會附屬的 B2O 大會[注] 上，都有專門的中小企業論壇。如果你是一個小企業，你是不是可以幫助政府考慮這樣一些議題：

[注] B2O，Business-2-Organization 的縮寫，簡稱商對組織，是企業與組織之間的商務交互新模式。—編者注

中小企業如何發揮合力促進地方經濟發展；政府如何幫助中小企業加強創新能力；中小企業如何建立人才發展的靈活機制，以及中小企業如何避免智慧財產權陷阱……。

總之，無論你是中小企業，還是為中小企業提供服務，都可以在類似的話題上做議題設置。好的議題會引起媒體的自動關注和傳播，政府媒體和企業自媒體也可以推廣。這樣一來，企業的政府關係就做活了，就不僅僅只是有事才找政府，而是跟政府一起促進經濟和產業的發展。

年薪百萬的職業前景

· · · · · · · · · ·

既然公共事務是橫跨公共關係和政府關係這兩個職能的橋梁，那麼，公共事務專業人員的職業前景如何呢？要想了解這個問題，首先我們應該明白，一名優秀的公共事務專業人員，應該具備哪些方面的技能。

[公共事務專業人員的技能需求]

如果你去問經營政府關係的專業人員，跟政府打交道需要什麼條件，他們會告訴你：

1·專業

你要懂得政府的流程，包括政策制定過程、見面流程、出了事情的懲罰流程等。

2·廣泛的人脈

你不一定認識政府所有的人，但是要認識能幫你認識政府重要人物的人。

3·懂得用公關去影響政府

為什麼要用公關影響政府？因為過於直接地反覆表明訴求，會導致政府不容易接受。單純向政府重複自己是創新企業，應該給予減免稅收支持，或者強調自身創業的艱難，需要政府解決高級人才的戶口問題，這種方式往往收效甚微。而透過以議題設置為主的公共關係的方法，將政府帶入一種對話、溝通和分享的氛圍，幫助政府解決它的基本訴求，就有助於企業達到影響政策的目標。

[公共事務專業人才的價值]

在公共關係、政府關係和公共事務這三個交叉的領域裡，有這麼幾個基本事實：

1・政府關係專業人才，特別是高級人才嚴重稀缺，待遇比公共關係高級人才要高。
2・政府關係高級人才一般都有政府工作經歷。
3・公共關係高級人才很多都有媒體工作經歷。
4・在有些企業，政府關係和公共關係由一名高級主管負責，而這名主管更多來自政府關係部。
5・在有些企業，公共關係部向行銷長報告，但是公共關係部和政府關係部，關係非常密切。
6・公共事務更偏向政府關係，但需要有較強的公共關係能力，如議題設置、活動管理和寫作能力。
7・如果你具備較強的政府關係能力和公共關係能力，就屬於市場極其稀缺的人才，在大型企業中起碼能夠擁有百萬年薪。

總之，公共事務專業人才的價值和影響不可限量。其不僅能夠透過影響政策為企業帶來實際的收入，還可以在企業出現危機時，利用日常累積的公眾信譽獲得政府的理解和支持，降低企業的重大損失。

財政部和國家稅務總局在 2011 年頒布了一項法規：對化妝品製造與銷售、醫藥製造和飲料製造企業（不含酒類製造）發生的廣告費和業務宣傳費支出中，不超過當年銷售（營業）收入 30% 的部分，准予稅前扣除。

如果是一家在國外生產、在中國銷售相應產品的企業，按照規定不能享受廣告費稅前扣除政策。經過一些企業政府關係和公共事務人員與政府的多輪溝通，這項政策在 2015 年 12 月 31 日終止之後，變成了「在中國製造或銷售的企業，都可以享受廣告費稅前扣除」。

「製造與銷售」和「製造或銷售」，兩者僅有一字之差，卻能為那些在國外生產、在中國銷售且投入大量廣告和宣傳費用的企業節省不少稅收。

[同樣是出現公共危機，不同的處理態度，結果大不同]

企業出現危機時，公共事務所發揮的作用極其明顯。面對同樣的問題，企業在公共事務處理上的態度和方法不同，得到的結果也會大相逕庭。

家樂福在被爆出銷售「過期肉」以及店內存在老鼠和蟑螂的情況後，其公關部門積極配合政府調查，並第一時間道歉，及時表明整改態度。這種方式，讓家樂福在最短時間內消除了事件帶來的不良影響。

而在麥當勞、肯德基等大品牌的供應商上海福喜食品有限公司被電視台曝光使用過期雞肉的當晚，上海食藥監局和公安部門前往福喜位於上海嘉定的工廠進行調查時，竟然遭到了企業的公然對抗，雙方僵持了一個小時後，食藥監部門的工作人員才得以進入並查封了福喜工廠，企業主要負責人被刑拘。

[公共事務經理提升價值的路徑]

公共事務可以幫助企業省錢，減少損失，這些指標都可以量化，受到愈來愈多企業的重視，職業經理人的價值也就愈加明顯。那麼，公共事務經理怎樣提升自己的價值呢？以下有三個建議。

1．參與影響公司戰略的議程設置工作

公共事務管理一定要參與影響公司戰略的議程設置，並結合公司核心業務以及 CEO 的目標。

2．為公司創造可量化的價值

公共事務不是每一項工作都能以數字衡量，這點與公共關係一致；但是要儘量做出數字標準，比如節省了多少稅收，透過行業影響和政府說服，為重大併購項目獲得了反壟斷審查批准以及幫助公司擴大了多少業務等。

3．在行業中建立個人品牌

在行業中建立個人品牌，可以提升公共事務專業人員服務的企業價值和他們的個人價值。因為公共事務影響政府政策，公共事務人員深度參與政府活動和行業對話，可以為企業提供更多的有影響力的平台。

我與全球最大太陽能企業天合光能的公共事務副總裁和品牌長楊曉忠先生結識已久，他曾在外交部新聞司和駐外使館工作，後來任職天合光能，代表公司當選全球太陽能理事會董事，2016 年還被選為 G20 工商界貿易投資工作組成員，在人民大會堂出席二十國集團工商界活動。

綜上所述，公共事務高級人才可以為企業帶來實際的政策紅利，幫企業節約稅收成本，獲得財務收益，減少危機損失，不但是企業對外不可或缺的防護網，也替企業帶來實質利益、創造價值，更是企業銜接公共關係和政府關係的重要橋梁，自然成為企業積極延攬的對象。

CHAPTER 8

第八章
· · ·
投資者關係管理
花二十年建立的聲譽，可能五分鐘就會被毀掉

投資者關係，這是品牌公關一個特別的領域，只有上市公司才會涉及。借助資本力量實現企業的快速發展，從而在激烈的市場競爭中脫穎而出，一直以來都是許多企業的首要選擇，也是上市企業品牌公關不可迴避的重要話題之一。

投資者關係與品牌公關

· · · · · · · · · ·

在上市公司中，投資者關係一般都會由一個特別的部門來管理，叫投資者關係部，不過目前多數公司這方面的業務都是由董事會祕書負責。有些公司，特別是跨國公司，品牌公關部有一個特別的部門負責投資者傳播，叫財經傳播部（financial communications），這個部門跟投資者關係部配合密切。

那麼，投資者關係與公共關係有何聯繫和區別呢？投資者關係是上市公司與投資者建立相互信任關係，而公共關係是企業在公眾中建立聲譽。兩者的區別則主要體現在以下三個方面：

第一個區別是傳播的主體。投資者關係的傳播主體是上市公司，而公共關係的傳播主體則可以是任何企業。

第二區別是傳播的受眾。投資者關係的傳播受眾是投資者，而公共關係的傳播受眾則是普通公眾。

第三個區別是法律監管範圍。很多上市公司將投資者關係這個業務看管得很緊，在法遵方面非常嚴格，有時除了證券交易所要求必須披露的資訊之外，基本上什麼都不對外展示，而公共關係的限制則要寬鬆許多。

　　其實，投資者關係和公共關係也有很多相通之處。

［目標：聲譽］

　　巴菲特曾說過：「花二十年建立的聲譽，可能五分鐘就會被毀掉。」曾經有一位著名的公共關係教授讓我講出兩至三個公關的關鍵字，我說一個就夠了，就是聲譽。

　　一個企業如果喪失了聲譽，失去了公眾和投資者的信任，那麼其之前耗費精力建起的商業帝國就有可能瞬間倒塌。所以，無論是針對公眾的公共關係，還是針對投資人的投資者關係，都要圍繞著聲譽這個基本的目標加以展開，說明企業解決長遠發展的核心問題。

［實現目標的方式：傳播］

　　建立聲譽不是空話，而是要做好事情，做好傳播。做好事情屬於企業業務管理的範疇，此處我們主要來談談傳播。

　　投資者關係和公共關係是相通的，有的上市公司雖然不會專門進行投資者關係傳播，但是企業品牌公關做的傳播，同樣可以提升投資人對企業的信任，建立企業的聲譽。企業的產品活動、經營活動、校園招聘，以及 CEO 發言等傳播活動，都會對投資者關係產生積極的影響。

[傳播管道：媒體]

二者要想實現傳播，都需要運用媒體的力量。投資者關係傳播可以使用所有公共關係傳播可借助的媒體，特別是財經類媒體，包括四大證券報：《中國證券報》、《上海證券報》、《證券時報》、《證券日報》，以及相關網站。除此之外，還會運用一些特別的媒體，比如投資機構、券商、銀行和諮詢公司主辦的媒體。這些媒體一般不公開發行，只是針對特定的訂閱和註冊用戶，但是它們對投資者的影響都很大。

投資界也跟其他行業一樣，擁有很多自媒體和 KOL（關鍵意見領袖）。一些知名分析師的自媒體或者部落客會對其他投資人產生較大影響，有時可能僅是一些不大負責任的評論，卻會導致股價的巨幅波動，這時候我們又會進入危機公關的狀態。

[傳播內容：事實＋洞察]

前文說過，最有效的傳播內容是「事實＋洞察」，投資者關係傳播也是如此。舉個例子，你的公司打算大舉進入太陽能光電領域，雖然這個行業看起來已經飽和，存在較為嚴重的產能過剩現象，但是如果你能提出特別的事實和洞察，比如中國農村自有住宅的屋頂總面積、適合安裝太陽能的省份、國家和地方政府即將頒布的鼓勵家用太陽能的政策，以及你的新技術開發方向、生產和銷售成本可以降低的具體數字等，告訴投資人你的戰略將從太陽能集中發電轉向分散式發電和民用發電，就能夠更好地說服投資人看好你的股票，說服分析師和財經自媒體主動推薦你的股票，因為你提供了合理的、有說服力的事實和洞察。

GE 一度是全球市值最高的企業，當時的 CEO 傑克 · 威爾許先生每次跟投資者發表講話時，都會讓團隊精心準備事實和洞察。很多時候，他發言的話音剛落，分析師們便給出如潮好評，GE 的股價隨之上漲。傑克 · 威爾許為此頗為自豪，多次強調投資者關係部和品牌公關的財經傳播部，功不可沒。

投資者關係和公共關係是企業內部兩個不同但有密切聯繫的職能，他們針對的目標受眾有所不同，但是他們的目標和實現目標的方法有很多相似之處，不管是作為公司還是個人，如能將這兩個看似不同的職能打通，對企業發展和個人成長都有明顯的好處。

敏感問題：
謹言慎行，不該說的一句也不能說
· · · ·

不可否認，作為一名公關人員，無論你現在是否從事投資者關係的具體業務，你都有可能會加入上市公司或者與上市公司合作。因此，非常有必要了解一些和投資者關係有關的敏感問題，或者說上市公司的傳播需要注意的敏感問題。

[對監管政策特別是資訊披露進行法遵管理]

上市公司對資訊披露的相關管理較為嚴格，這是因為資訊披露會直接帶給股價明顯的影響。你必須根據證券交易所的要求，在規定的時間、使用規定的媒體做公開披露，讓股東們及時獲得真實資訊，以保證市場的公平環境。同時，參與這種敏感交易的人員，也都不能在特定的時間段內買賣公司股票，遇到重大事件時，公司或證券交易所還會要求停牌。

有一段時間，我經常與上市公司的投資者關係部門合作，因為我所在的跨國公司即將與他們進行交易。在此過程中，一旦有類似股權交易的動作，我們的傳播方案裡就會增加一個重要內容──與證交所溝通並確認資訊正式披露的時間和媒體。有時我們的傳播計畫得要做到毫釐不差，比如幾點談判結束，幾點簽約，新聞通稿誰來審閱，法規要求披露的哪些資訊必須公開。

記得我安排給某位部下的工作就是：盯住上海證券交易所的網站，只要看到相關消息，就通知全球公關團隊，讓他們在世界其他地方發新聞稿，因為公司發新聞稿的時間一定不能早於上海證券交易所的公告。

嚴格控制與股票相關資訊的傳播，是處理投資者關係時必須注意的問題。這方面要與法務部門密切配合，參與交易談判的人員都必須登記在案並簽署保密協定。一旦消息洩漏，要追查根源。

[了解資本市場的規律，把握政府政策的走向]

政府政策的走向對於整個行業都有著決定性的影響。懂得順勢而為，也是投資者關係管理中非常重要的一門學問。

在2016年年底，針對保險業資金進入股市大舉收購的情況，證監會提出「打擊野蠻人」的口號，類似寶能收購萬科股份這樣的事件便成為股市的焦點之一。要想管理好投資者關係，你就要了解保險公司此舉背後的動機，還要了解政府下一步會如何加強監管措施，新措施對市場、相關行業和你的公司會產生何種影響。

關於資本市場的規律，VIE（可變利益實體）結構也是重點之一：境內公司透過在海外上市，讓境內業務成為海外上市公司的經營實體，使境外投資人享受境內營運實體產生的利益。

關注資本市場，我們還要了解機構投資者的動向以及投資主張的變化，明白類似渾水[註] 這樣的做空公司，如何在美國和香港等地攻擊上市公司的股票。

[規避企業敏感資訊]

每個企業都有自己的商業秘密，以及一些不方便或者不想對外公布的資訊，這與上市公司的資訊披露並不矛盾，公司可以自行掌握。對於一些和投資

[註] 渾水機構，英文為 Muddy Waters，是美國一個匿名詞調查機構，曾因其報告讓中國股票損失 70 億美元而名聲大噪。

者關係有關的敏感問題，投資者關係部最好寫出 Q&A（問與答）內部溝通文件，讓高階主管們在對外講話中統一口徑。

我在跨國公司中國業務部工作時，經常接待來自全球的機構投資者和分析師。他們對我們公司中國業務的評價，往往會影響市場對公司的看法，甚至股價也會出現明顯波動，所以我們都非常謹慎。每次與他們會面之前，我都會把 PPT 文件、溝通的核心資訊拿給總部的投資者關係部審查批准，並在會面後寫出詳細的報告。

分析師就是媒體，他寫出的東西可能是什麼樣子，是否會影響股價，我們都要在事前進行大致判斷。

［ 危機公關中妥善處理各種利益關係 ］

如果仔細研究一下上市公司的危機，你會發現大多都與溝通有關。

比如樂視溝通過度，餅畫得太大。漢能在股票暴跌之前，從來沒有對外認真做過溝通，從未向投資者解釋為什麼中國的其他太陽能廠商都在做多晶矽，只有漢能在做薄膜，漢能管理層是不是參與了操縱股票，漢能在各地的太陽能光電專案到底進展如何。類似這樣的問題，外界大多不得而知。

如何在合法合規的基礎上進行有效溝通，或者選擇暫時不溝通，都是投資者關係部、更重要的是董事長和 CEO 要考慮的問題。

在潛在危機中如何應對小股東，也是一個較為敏感的問題。儘管多數中國上市公司都是大股東控股，小股東的聲音很弱，但是如果是涉及大規模公眾情緒和社會穩定，上市公司也必須充分考慮後果。

有一次，我所在的公司要接盤一個已經停牌很長時間的上市公司，這家公司的股票價值只有一毛多，但在停牌之前股價曾經達到三塊多。當時我很擔心小股東會到政府去鬧事，而政府也讓我們考慮提高收購價格。在準備應對聲明時，我最初打算寫明收購價格是由顧問公司摩根士丹利團隊推薦，後來覺得這樣做太不仁義，最終放棄了這個念頭。

　　總之，投資者關係處理是一件相對複雜的事情，在和投資者進行交流的過程中，一定要注意一些敏感問題，避免由於考慮不當而造成不可挽回的重大損失。

融資新聞稿：
讓市場和用戶更加了解你
· · · · ·

寫融資新聞稿是投資者關係管理的重要技能之一。融資新聞稿和一般新聞稿沒什麼根本不同，下面談到的幾個要點，多數是新聞稿的普遍原則，也有融資新聞稿的一些特殊要求。

[標題應表明主要事實]

標題首先是講清主要事實，也就是遵循新聞的「五W法則」：誰（Who）、什麼（What）、何時（When）、哪裡（Where）、為什麼（Why）。對融資新聞稿而言，標題主要講清楚誰做了什麼就好，有時還可以加上為什麼要融資，也就是錢用來做什麼。

「中金宣布引入騰訊為戰略投資者」這個標題中，點明了誰（中金公司）做了什麼（引入騰訊為戰略投資者）。

「安踏集團收購著名童裝品牌小笑牛」這個標題也說明了誰（安踏集團）做了什麼（收購小笑牛）。

「精靈雲獲 2000 萬元 A 輪融資，將全面拓展國內容器雲服務市場」，不像前兩個例子講的都是著名企業，精靈雲的知名度不大，很多讀者不知道其是做什麼的，更不知道融來的錢會用於什麼用途，因此標題中加了一句解釋（全面拓展國內容器雲服務市場）。儘管讀者可能不一定知道什麼是「容器雲」，不過沒有關係，標題放不下，還可以在內文中進一步解釋。

標題的字數還是要基本符合傳統新聞的習慣——簡潔明確。過長的標題不適合融資新聞稿,「某某公司獲得 9000 萬元融資」就是一個很好的標題。此外,融資新聞稿的標題還可以有副標題和用星標列出的重點內容。

[最重要的基本事實放在第一段]

標題放不下的基本事實,可以將其放在第一段。例如:

「中國國際金融股份有限公司(中金,3908.HK)今日宣布與騰訊控股有限公司(騰訊,700.HK)簽署認股協定,騰訊將認購中金新發行的 2.075 億股 H 股,分別占中金發行後 H 股的 12.01% 及總股本的 4.95%。此次發行尚需獲得相關監管機構批准。」這個段落裡加上了公司全名、證交所股票代碼、戰略投資以及雙方占股比例。

對於獲得融資的企業來說,還可以在新聞稿第一段介紹領投的公司,或者還有哪些個人和公司曾經投資。如果投資人是著名企業或個人,無疑會大大增加新聞稿的分量。

[介紹融資的背景和意義]

將融資的目的對投資者講清楚,以幫助其基本了解項目。例如:

一家做快閃場地短租平台的企業獲得了 9000 萬元的融資,新聞稿中便這樣寫道:「本次融資資金將用於優化鋪天地快閃場地短租平台的整體體驗,推動商業空間和商業大數據的完善及應用,幫助各類品牌商在新零售時代實現 pop-up 快閃創新行銷。」

[使用相關企業領導人的引語]

使用引語的目的是便於媒體使用，把企業的立場講清楚，減少媒體誤讀的可能。例如：

中金公司引入騰訊為戰略投資者的新聞，兩家都是大企業，領導人的級別和表達的嚴肅程度比較高，新聞稿中是這樣說的：「中金執行長畢明建表示：『騰訊是中國一家領先的互聯網公司，中金很高興引入騰訊為公司戰略投資者。相信此次合作有助於中金以金融科技加速財富管理轉型，為客戶提供更加差異化的金融解決方案。』」

「騰訊控股總裁劉熾平表示：『中金是中國一家領先的投資銀行，騰訊期望與中金在產品及服務方面進行系列合作，包括向中金提供我們先進的金融科技，以及引入中金在財富管理方面的能力，為使用者提供更佳的服務。』」

在一些創業企業的融資新聞稿中，創辦人的引語可以稍微靈活一些，可以加上一些情緒化的表達，比如「創業十年，終於看到了希望」、「這次融資堅定了我們的信心，給每天睡在辦公室拚命的團隊一個巨大的鼓舞」。

[介紹創辦人和商業模式]

如果是第一次融資的創業企業，可以在新聞稿中介紹創辦人和商業模式。像中金公司和騰訊的戰略合作，新聞稿簡單幾段就宣告結束。但對創業企業而言，發布融資新聞稿是介紹自己，讓市場和用戶了解自己的大好機會。

以上，便是寫好融資新聞稿的一些具體要求。除此之外，寫作時還應注意以下幾個問題。

8

投資者關係管理

我們在前面的章節裡講過，管理投資者關係最重要的是法遵，寫融資新聞稿也是一樣，所以你看那篇中金和騰訊合作的新聞稿，不僅寫上了公司的股票代碼，還在第一段最後加上了「此次發行尚需獲得相關監管機構批准」。根據不同市場的法規要求，上市公司的新聞稿最後可能還要加上對預測預期類表達的法律限制語言，防止新聞稿內容被誤讀，導致企業承擔法律責任。

[數據真實，不誇大前景預期]

真實是新聞的生命。在融資新聞稿中，上市公司對數字的表達會非常謹慎，但很多第一次融資的企業往往傾向於誇大市場前景，以增強市場的信心。這在某種程度上是對企業的正面宣傳，但若後來的業績不能實現預期的水準，可能會打亂企業的下一步融資節奏，媒體也會盯住企業講過的數字，在企業不能兌現時不斷諷刺批評。所以，成熟的企業一般不會公開談論預期的具體目標，比如銷售額、使用者量、開新店的數量等。

[支持企業戰略]

企業如果決定發出融資新聞稿，還要注意一點：反覆強調企業的願景和目標。獲得投資不是目的，目的是建立獨特的商業模式，為使用者提供超值服務，所有的對外溝通一定要保持統一。

最後，需要強調的是，不是所有的融資都要發新聞稿。對一些存在高度競爭的行業而言，過多的融資新聞可能導致燒錢大戰，不利於企業和整個行業的發展，有時候「悶聲發大財」也不失為一個有效的策略。

財報新聞稿：
法遵高於一切
• • • • •

　　財報新聞稿和我們平時寫的企業新聞稿、產品新聞稿和融資新聞稿沒有本質不同，所有關於標題、第一段交代重點、介紹背景、使用領導人引語等要素都是一樣的。本節我們將重點介紹財報新聞稿的幾個特別要點。

[發布方式和數據合於法規]

　　財報新聞稿一般由專業的金融傳播、投資者關係專家撰寫，普通的品牌公關人難以完成，因為財報新聞稿有很強的法遵要求，特別是某些特定財務資料的統計方法。來看這樣一個例子。

　　標題：國航公布 2017 年中期業績

　　內文第一段：中國國際航空股份有限公司（「國航」或「公司」，與其子公司合稱「本集團」）（股票編號：香港 000753；倫敦 AIRC；上海 601111；美國 ADR；OTC AIRYY），今日公布其截至 2017 年 6 月 30 日 6 個月（期內）之業績。

　　業績摘要：

　　營業收入為人民幣 581.55 億元，同比上升 8.65%；

　　營業成本為人民幣 476.64 億元，同比上升 15.80%；

　　利潤總額為人民幣 51.55 億元，同比上升 2.58%；

　　淨利潤為人民幣 39.06 億元，同比上升 3.24%。

不難看出，這樣的格式、提法都跟法遵有關。再看國際著名製藥公司 GSK（葛蘭‧素史克）的一個季報，其中有「集團銷售額比去年同期增長 6%（基於恒定匯率的報表增長）和 1%（基於恒定匯率的相同業務口徑的增長）」這樣的表述，也是基於法遵的要求。

[寫好管理層關於業績和未來預期的引語]

董事長或者執行長的直接引語，主要是在針對國際媒體的財報新聞稿中使用，國內上市公司並不經常使用。使用高層領導人直接引語可以強化財報新聞的核心資訊，但直接引語的內容需要反覆核定，既要根據法遵的要求，又包含對業績的具體看法，便於媒體引用。

阿里巴巴集團 2017 年的一次英文季報新聞稿，在第二段就用了這樣的文字：

「『阿里巴巴在 2018 財年有一個強勁的開局，表現了我們多元化業務的實力和我們的平台給客戶提供的價值。我們的技術正在多業務領域推動巨大的增長，在核心商務領域之外加強我們的地位。』阿里巴巴集團執行長張勇說。」

GSK 的季報新聞稿則引用了執行長安偉傑爵士的話：

「2015 年新產品銷售額達 20 億英鎊，其中第四季度銷售額達 6.82 億英鎊，表現出持續的增長勢頭。我們希望，新產品銷售額能夠提前兩年（2018 對比 2020）實現我們的年收入 60 億英鎊的目標。」

[撰寫「致股東的信」]

在發表年報時，還需要撰寫「致股東的信」，它可以是新聞稿的一部分，

也可以單獨發布。為此執筆，需要的知識範圍遠超品牌公關、投資者關係這樣的專業領域，應上升到政治、經濟、商業和投資的高度。一些大公司董事長的此類信件，堪稱商業教科書。

2017 年 2 月 25 日晚，「股神」巴菲特給波克夏・海瑟威公司寫了一封長達 3 萬字的致股東的信。除了該公司的股東，世界各地的投資者都認真地對這封信進行了研討，他們希望能夠從信中看到「股神」對未來經濟和市場的預測，也包括對美國經濟、移民等焦點問題的看法。

[突出行業洞察]

在財報新聞稿中突出行業洞察，可以幫助媒體了解上市公司獲得如此業績的原因和未來發展的邏輯。舉兩個例子：

中國國際航空股份有限公司在 2017 中期業績報告中指出：航空客運市場供需兩旺，貨運市場回暖，公司投入運力增長，開通新的國際國內航線，提升投入產出效率，精細化成本管控，擴大運輸主業優勢，並克服了國際油價回升等不利影響，取得了不俗的業績。

視覺中國（股票代碼：000681）在發布 2017 年半年報時指出：上半年營業收入比去年同期增長 36.43%，淨利潤同比增長 36.50%，是由於公司在互聯網文化創意板塊採用了積極有效的戰略，包括不斷增強對全球優質 PGC 視覺內容的控制力，強化業界領先的基於圖像大數據的人工智慧技術，加強對內容生態的連接，全面深度覆蓋市場以及加強版權保護等。

聽起來，你或許會感覺有些枯燥。的確，由於法遵的要求比較嚴格，財報新聞稿內容的可操作餘地並不大。

此外，很多上市公司只有在業績特別好的時候才發布財報新聞稿，業績一般時僅會按照證券交易所的要求，在網上進行公告。因此，在我們看財報新聞稿時，總會有種支離破碎的感覺。只有類似蘋果、谷歌或 BAT（百度、阿里巴巴、騰訊）那樣的行業領軍企業，為了強化核心資訊，避免媒體誤讀，才會精心撰寫自己的財報新聞稿。從他們的新聞稿中，我們能夠學到一些基本的方法和套路。

[多媒體方式呈現]

因為財報新聞稿比較枯燥，因此在發布財報，特別是年報的時候，我們可以採用多媒體的方式加以呈現。比方說，企業可以建立專門的財報網頁，上面有豐富多彩的業績柱狀圖、圓餅圖、數據表格、領導人的講話影片和高解析圖片等關鍵資訊。國內有的上市公司還會製作 H5 財報新聞稿，透過微信平台呈現公司的年度業績，這些方法都值得參考和學習。

CHAPTER 9

第九章
. . .
能力進階
那些容易被忽視的關鍵能力

品牌公關是一個包羅萬象的職業，想要讓自己的能力得到
進階，僅僅將目光放在工作本身的框架中是遠遠不夠的。
與公司上層主管的溝通，與其他部門的協調，甚至是招攬
人才為己所用，都需要我們不斷地學習和思考。

選擇服務商：
要麼在價格上妥協，要麼在品質上妥協
· · · · ·

如何選擇適合的品牌公關服務商，這個話題聽起來好像是甲方的專屬能力。但其實生意中往往是甲方套著乙方。你可能是一家為一個品牌服務的公關公司，但是為了給客戶組織一次活動，又需要聯繫場地供應商、禮品供應商、燈光供應商、交通服務供應商等，這時候你就又成為甲方。所以，對於每一個品牌公關的從業者來說，如何選擇品牌公關服務商都是非常重要的問題。

關於選擇品牌公關服務商，我們應考察它們是否具有以下四個方面的特質：

[對特定專案的服務能力和相關經驗]

在選擇服務商時需要考慮的第一點，就是服務商是否在你需要的特定領域有過可被證明的能力和案例。如果是活動管理，就要看他們為哪些公司做過哪

些活動，創意能力和執行能力如何，客戶的滿意度如何。如果是媒體關係管理，就要看他們跟哪些媒體有過合作，跟你所在行業的主流媒體是否熟悉。

關於準確地發現供應商的真實能力，有三個小辦法：第一個是讓他們出整體策劃案；第二個是問一下他們服務過的客戶；第三個則是去他們的公司看一下。

1・讓服務商出整體策劃案

在這三個方法裡，這個方法最為穩妥。因為出方案是對乙方一個極大的考驗，如果他對你的行業、業務、服務需求有很好的理解，而且本身能力很強，那麼在他的方案中一定會有所體現，同樣他的弱點也很容易暴露。

當然，這個方法對於比較知名的乙方可能行不通。他們通常會說：「我們拒絕比稿，看得起就讓我們做，出方案可以，但是要收費。」

在遇到此類情況時，我們也應該理解。乙方之所以會這樣做，第一可能是因為能力夠強不愁客戶，第二也可能是因為有被甲方騙稿的經歷。一些甲方由於預算較少，會利用乙方迫切需要生意的弱點，讓很多乙方出方案競爭，然後將好的創意集合起來，交給一家公司去做。這無疑是一種不道德的行為，不僅損害了自己的形象，也傷害了乙方的利益。

2・詢問服務商的歷史客戶

多數品牌公關負責人都會用這個方法選擇一個以前沒有合作過的服務商。以前我在甲方的時候，經常有服務過我的乙方老闆來找我，說他正在競標一個大生意，給他的甲方留了我的電話，如果對方向我詢問，希望我能美言幾句。當然，這時候我會憑我的職業良心做評價，這也反映出了業界口碑的重要性。

3・去服務商的公司實地走訪

　　這個辦法是我以前經常用的，就是去不熟悉的乙方公司看一下。有一次三家公司來競標我公司的一個產品發表活動，我覺得最小、最不知名的那家公司的創意最好，但由於擔心他們的總體服務能力，我就帶了採購部的同事去這家公司實地走訪。到了那家公司之後，我發現雖然他們的辦公室不大，但是設計人員特別專注，客服人員也擁有較為飽滿的熱情，再加上公司創辦人有設計師背景，我最終將活動交給了他們。

　　雖然，他們首次給我們提供的服務確實存在一些瑕疵，但是後來愈做愈好，成了公司的長期供應商。

[較強的資源整合能力]

　　一個乙方公司不可能在任何方面的能力都很強，這也是為什麼現在經常是一個甲方用很多乙方的原因所在。每個乙方都能提供某種專項服務，類似你在買便當時會選擇一個拉麵供應商、一個生煎供應商、一個鰻魚飯供應商。而綜合性乙方的優勢則在於他的資源整合能力，對於長期服務或大型專案的服務而言，資源整合能力則比某專項能力更為重要。

[合理的價格水準和良好的財務狀況]

　　價格是永遠不能忽視的問題，當然，我不否認存在又好又便宜的公司，但那種公司只是鳳毛麟角，可遇而不可求。你要麼在價格上妥協，要麼在品質上妥協。但要記住的是，你的主管不會在品質上妥協，你要想便宜，就要自己投入更多的精力去管理服務商，甚至撸起袖子自己幹。當然，如果你擁有十分充裕的預算，完全可以找一家價格高些，但十分靠譜的公司去處理所有事情。

　　財務狀況包括了乙方的付款方式和帳期。大的乙方雖然貴一些，但他們對

帳期要求不會太高，也不會在做任何事情之前都讓你先付錢。在這一點上，小公司的劣勢暴露無遺，它沒有能力為你墊款，因為墊得太多，它可能就會破產。

[服務團隊的能力和交流默契]

選擇一個品牌公關服務商，除了需要了解公司的能力，了解個人能力也是至關重要的，也就是直接為你提供服務的那個人或團隊，究竟具有何種能力和水準。

有些大的乙方公司，他們的套路通常都是 CEO、總裁親自帶隊做競標陳述，講得天花亂墜，將你和你的主管全部迷倒。但是等合約簽完之後，卻再也見不到總裁和 CEO 的身影，只留下一個一知半解的實習生為你提供服務。

所以，精明的甲方一開始就會確認，到底是哪個團隊或個人準備為其服務，然後讓這個團隊的負責人來陳述，CEO 可以在旁邊補充，團隊的主要成員也要在競標的時候在場。

在品牌公關這個行業中，存在一種非常普遍的現象：乙方公司的總監在有了經驗和客戶之後，就會離開東家自己創業。原來的客戶很多都會因為相信他的個人能力而選擇跟定這個客戶總監。有時候，一個可靠的人確實比公司更重要。

提案和陳述：
向甲方展示能力的首次機會

· · · · ·

在上一節中，我們已經了解了如何選擇合適的品牌公關服務商，也就是甲方如何選擇乙方。接下來，讓我們將視角轉向乙方，來看看乙方如何才能做好提案。歸根結柢，無論是甲方找乙方，還是乙方找甲方，基本原理大同小異，都是甲乙雙方找到彼此的共同點，並建立起合作的基礎。

對於乙方而言，想要做好提案，前文所講的特定專案的服務能力和相關經驗、發現和調配資源的能力、合理的價格水準和良好的財務狀況，這些都是最基本的要素，是甲方十分看重的內容，自然要在提案中有所體現。在外商，這些內容叫作 credential，翻譯成中文叫作「證書」或「信任狀」，也就是要告訴甲方你是誰、你有什麼特長，以及如何證明你說的話。

除了這些基本原則之外，我認為乙方在做提案和陳述時，還需要注意以下五個問題：

［提案與客戶的業務目標一致］

這一點是提案的基礎。你要了解客戶做這個專案的目的是什麼，是為了企業的周年慶需要聯絡客戶、激勵員工、影響政府、提升品牌，還是一個產品為了提升銷量進行專案推廣？如果是前者，你所提的方案中要更加重視品牌影響和對政府長官的安排；如果是後者，則要注重項目的效果和銷量的具體表現。

［提案與客戶主要決策人的思路一致］

這是一個很多乙方在提案過程中經常遇到的問題，但確實非常容易被忽

視。乙方接到的甲方提案要求，經常來自甲方市場部或者公關部的工作人員。他對決策領導的思路可能理解正確，也可能不正確。這就要求乙方在做提案前，能夠了解甲方決策者的真正需求。比如，某業務部門的主管做某個專案的真實目的，是為了提升該部門在集團中的地位，但又不好在提案要求中明說。你需要做的是通過直接接觸長官，或者通過下面的人了解到這個真實目的，然後圍繞該核心需求做好提案。

還有一個更大的可能，是長官也不知道自己想要什麼。比如年度的媒體合作方案，長官往往會說：「你們先做一個東西看看。」這是一種很麻煩的情況，沒有方向當然就做不好提案。此時最好的辦法，就是回到第一點——找到客戶的業務目標，以這個目標為主線。打個比方，如果你給騰訊做提案，你就要圍繞馬化騰講的「數字生態共同體」展開；如果甲方換成了 IBM，你就要圍繞他們的核心戰略「認知商業」展開。

[體現獨特的創意、執行和效果思路]

這一點是體現乙方能力的重要標準。無論是廣告、公關活動還是新媒體方案，都要體現獨特的、能夠打動甲方的亮點，讓他欲罷不能。

[考慮對項目有影響的人的立場]

這一點主要針對甲方的內部人員，比如採購部、財務部等。他們對預算、價格有時候考慮比較多，所以要對他們發表的意見留有餘地。需要注意的是，在做提案的早期不要被預算這樣的問題困擾，而應更多地考慮甲方的業務目標、主要決策者目標和創意高度。

[綜合考慮預算要求]

這就需要你既考慮預算的限制，又兼顧創意的效果。所有的甲方都會說預算緊，但他們同時又希望得到好的創意，不想被其他人說檔次低。比如，當甲方說預算是 100 萬元的時候，你就同時做出預算為 300 萬元、200 萬元和 100 萬元的三種方案，讓甲方對好方案欲罷不能。哪怕這次確實因為實際的預算限制，只能選用 100 萬元的方案，但下次他有新的需求時還會再找到你。

[提案陳述需要注意的問題]

做好提案並不代表一切就萬事大吉了，我們還需要懂得如何陳述提案。下面就讓我們來了解提案陳述階段需要注意的七件事。

1・選擇表達能力最好的個人或小組做陳述

這是保證現場陳述效果的關鍵。很多專業人員的執行能力很強，但是表達能力並不優異。這時最好的辦法，是讓他坐在下面補充或者回答問題，而不是成為主講人。

2・介紹和突出參與未來專案執行的人員

我們在上一節中提到，有時個人能力比公司能力還重要。因此，要讓甲方見到實際執行的人員，讓他們透過提問做一個快速面試。當然，理想的情況是提案的陳述者同時也是專案執行團隊的負責人。

3・準備應對客戶可能提出的任何問題

這一點不難理解，在提案陳述前，應該事先進行專門討論，充分預想甲方可能提出的各種問題，並在陳述團隊內部分清職責，確定哪一類的問題由誰來回答。

9

能力進階

4．陳述稿的準備、多媒體使用和陳述演練

陳述稿的準備，關鍵在於內容的呈現方式和講述時間。現在多媒體的陳述形式已十分常見，人們對於 PPT、Keynote[註] 這些工具也愈用愈熟練，但也要考慮如何才能最有效地呈現提案的核心內容，PPT 的頁數要跟規定的陳述時間相匹配。要想做到這一點，最為穩妥的方式便是進行一次又一次的事前演練。

5．了解客戶與會人員的名單、級別和觀點

這一點，並不強求乙方在陳述之前便能通盤了解，但也要掌握得盡可能細緻。了解參會人的基本情況，特別是有觀點和利益對立的長官同時在場時，對陳述能否順利進行影響甚大。有的長官傾向於跟你合作，有的長官則傾向於另一家服務商，甚至有的長官就是看不慣品牌公關部，這些都需要乙方在陳述中有所意識。當然，沒必要因此打亂整個提案策略和節奏。

6．了解陳述地點，根據場地情況調整陳述結構和內容

這一點特別適應於非常規的地點，比如超大或超小的會議室、飯店等。在這種情況下，會議室的投影狀況、音響狀況、座位的擺放、陳述人站的位置、聲音的大小、是否有甲方人員用電話或者影片從場外接入……這些都是要考慮的因素。所以，面對重要陳述時，乙方應該事先派人到現場實地考察，在陳述演練時進行相應調整。

[註] 蘋果公司推出的在蘋果系統下的展示幻燈片應用軟體。

7・陳述後獲得具體的回饋

提到回饋，絕不僅是得到甲方一個「很好」、「還不錯」的評價，而是要盡量了解你的提案中他們喜歡什麼、不喜歡什麼，其他競標人有何強項值得學習，自己還需要做哪些改進等。

在具體的工作展開之前，提案就是第一塊敲門磚，是第一次向甲方展示能力的機會。只有做好提案，才能獲得良好的「第一印象」，而這也將會直接影響到接下來的執行工作是否順利進行。

9

能力進階

輿情監測：
尋找你的「眼睛」和「耳朵」
• • • •

輿情監測這個概念，最早來源於品牌公關行業的剪報。顧名思義，剪報需要人拿著剪刀去剪。最早的剪報公司就是雇一些人，每天把各種報紙和雜誌蒐集起來，蒐集的方式有時是訂閱，有時急了就到報攤上去買，然後把報紙上報導不同公司的內容剪下來，用傳真和郵寄的方式傳給客戶。使用這種服務的企業以此獲取媒體對自己的報導情況，品牌公關部以此對自己的工作做出考評，比如媒體報導的聲量，跟競爭對手相比，自己被提及的占有率，媒體報導是正面、中性，還是負面的。

剪報的方法不僅被用於企業，也被用於很多新聞單位。

　　20 世紀 90 年代，我在新華社倫敦分社做記者，因為我年輕而且會開車，主管給我安排的一項工作，就是晚上 11 點左右去艦隊街（倫敦著名的媒體總部最集中的街區）取回英國各大報紙第二天的報樣。

　　報樣取回之後，我的一位同事會馬上閱讀，把重要的內容用剪刀剪下，貼在標準的 A4 紙上，傳真給北京新華社總社。最後，由總社組織人翻譯來自全世界各地報紙的內容並結集出版，從而完成了到現在還很有影響力的報紙——《參考消息》。

當下已進入數位時代，剪報已經失去了「剪」的字面意義，轉而使用滑鼠和手指完成，政府部門也對公眾輿論更加關注。作為決策的重要依據，剪報公

司變成了輿情監測公司，過去單純監測主流媒體，現在則是對網站、論壇、社交媒體等進行全域監測。

目前，輿情監測公司大致可以分為三類：第一類是傳統剪報公司結合數位技術的升級；第二類是以軟體技術為核心生成的輿情監測服務公司；第三類則是政府媒體下屬的輿情監測部門，如人民網輿情。這三類公司各有千秋，第一類公司的服務觀念最好，因為他們了解企業的需求，很容易無縫接軌；第二類公司的技術好，潛力大，對未來可以提供更好的洞察；第三類政府媒體的輿情監測部門，往往能給人一種高端、大氣、上檔次的感覺。

[輿情監測需要的能力]

輿情監測是一個不容小覷的工作，如果所選公司的業務不夠強大，有可能會導致後續你的所有評估、判斷出現嚴重的錯誤，危害甚大。當我們選擇輿情監測公司時，需要從以下幾種能力的維度進行考量。

1．全媒體覆蓋能力

全媒體覆蓋能力，主要看監測公司能夠抓取多少媒體的資訊。現在網路端的覆蓋用一般技術就可以解決，反而是平面媒體一些不上網的部分，覆蓋起來有些難度。雖然網路的傳播速度快、影響大，但某些重要的平面媒體和電視媒體的傳播，同樣會影響到企業的重要權益相關者。因此，當甲方在選擇輿情監測公司時，要問他們能否覆蓋報紙、雜誌、網站、論壇、博客、電視、廣播、微信、微博、影片、App，跟多少平面媒體有合作等。這些問題考驗的是，乙方第一時間獲得監測資訊的能力。

2・技術分析能力

技術分析能力是輿情監測公司的核心能力之一，需要在海量資訊中準確抓取對客戶有用的資訊。監測一般靠關鍵字，但是很多企業的名稱同時也是生活常用詞，比如，如果你把所有網上關於「返利」的內容全發給客戶，那一定會把「返利網」這個客戶搞暈，這時就需要輿情監測公司有進一步分析的能力。

3・對客戶的定制化服務能力

這一點說的是，甲方能否從輿情監測公司得到符合特定需求的最終產品。

［輿情監測的服務內容］

輿情監測公司的能力，有些時候我們並不能在未進行深入接觸之前詳盡了解，但卻可以透過他們的服務加以判斷。通常，好的輿情監測公司會給客戶提供以下幾種服務：

1・日報和週報

日報和週報是輿情監測公司的標準化服務，從剪報的時代綿延至今。在一定的時間內了解媒體對企業的報導和評論，是品牌公關人員把握工作方向的重要依據，也是領導層決策的重要依據。

2・輿情預警體系

輿情預警體系是企業對輿情監測最看重的部分，一般會按照負面事件被曝光、傳播和評論的程度分成幾個等級。有的公司用顏色作為代號，比如藍色、黃色、橙色、紅色、紫色。顏色愈深，表明公眾的關注度愈高，風險也就愈高。

3‧靈活的平台和內容發送

這一點指的是輿情監測公司根據客戶的需要，用郵件、微信等多種形式向不同的客戶人群發布不同內容的輿情資訊。比如，現在大家都習慣用手機，所以移動端的推送就顯得特別重要。

再比如，針對銀行等輿情資訊極為豐富的大公司，你不可能讓公司高階主管收到太多使用者在服務網點不滿意的資訊。這樣的資訊，監測公司可以透過技術方法進行抓取，並分析出是哪個城市、哪個分行、哪個網點的使用者在抱怨。然後，將資訊傳給該網點的客服經理，讓其迅速處理就好，而不必把這樣的資訊發給銀行總行的行長和副行長們。

4‧輿情趨勢報告和消費者洞察

這是一種偏重於諮詢的服務，意指通過輿情監測和大數據洞察，發現企業經營的潛在危機。比如，如果你是一家食品公司，網上開始議論你們公司的產品「超標」、「致癌」。這樣的趨勢將會如何發展？公眾情緒的暗流怎樣變成風浪？企業要做什麼樣的準備？關於這些問題，輿情監測公司都可以提出系統的建議和意見。

5‧專屬客服團隊

最後一點，也是非常重要的一點，就是服務企業的專屬團隊。這個團隊對企業的業務有深刻的了解，甚至可以逐漸成為品牌公關團隊的一部分，他們就是企業的眼睛和耳朵。

服務團隊會根據企業的情況，在關鍵字設置、語義分析、輿情預測等方面為企業提供定制服務，企業也可以要求建立專屬的搜索系統，方便隨時調用與企業相關的歷史和當前的輿情資訊。

設置架構：
對企業和 CEO 有真正的價值
• • • •

對品牌公關團隊架構的了解，並不侷限於五人以上團隊的負責人。哪怕你是光桿司令，或者團隊只有一兩個人，你同樣需要了解組織應有的架構，考慮如何把品牌公關部變成一個對企業和 CEO 有真正價值的部門。

關於人員架構，我們需要解決三個層面的問題。

[品牌公關的核心業務職能]
品牌公關的核心業務職能又包括了以下幾點：

1・品牌行銷

品牌行銷在有些公司被放在了市場部，但我認為，其實放在品牌公關部會更加科學。品牌行銷包括品牌廣告和品牌戰役。

入行稍早的朋友，可能記得北京首都機場和上海虹橋機場最早的空橋、廣告，廣告主就是我任職過的 GE 公司，那種展示品牌形象的廣告，就是我當時主管的屬於品牌公關的業務。

當然，品牌行銷不僅僅在於投放廣告，而且包括整套的品牌行銷戰役。我當年主導的機場空橋廣告，就是為了配合公司的奧運合作夥伴品牌行銷戰役和「綠色創想」品牌戰役。「綠色創想」還有很多公關活動，主題是「環保不是慈善，環保可以產生可持續的商業價值和社會價值」。

2・媒體關係

現在的媒體關係已經從過去的傳統媒體層面延伸到了更多領域，包括傳統媒體關係、自媒體關係、媒體內容合作和危機傳播管理四個領域。

更加細緻的分工是大企業的普遍做法，像京東、滴滴、美團這樣的大型互聯網企業，媒體關係早已不侷限於傳統媒體，大量的資訊發布、品牌和產品推廣、危機公關都在自媒體領域發生。

更有趣的是，現在的很多傳統媒體人一方面在媒體機構任職，一方面還經營著自己的自媒體帳號。有時他在自媒體行業的影響力，甚至比他在任職的媒體機構中的影響力還要大。另外，現在一些企業也收購和營運了不少自媒體，這方面的管理工作雖任務繁重，但對企業價值也很大。

3・活動管理

主要包括新聞發布、產品發布、企業周年慶典、合作夥伴簽約活動、展會、論壇等活動。有的公司把活動管理作為一個支持所有部門的單獨職能，有的公司則把這個職能分到各個業務線，誰的活動誰組織。

4・員工溝通

這是一個跟人力資源部密切配合的部門，在一些國有企業由企業文化部、工會等部門管理。員工溝通在企業變革、企業戰略傳播中發揮的作用很大。

5・企業社會責任

這個職能有時候與員工溝通部門合而為一，主要負責企業長期社會責任規劃的制訂、與公益組織的合作、企業志願者活動和企業社會責任報導的撰寫等。安利等公司還專門成立了基金會，負責總體協調企業社會責任。

新媒體的功能現在不僅侷限於發布內容，還有行銷獲客、客戶服務、大數據蒐集等。因此，有些企業的新媒體由市場部來管理，也有些企業的公關部和市場部分別營運著不同的帳號。

產品發布活動通常由市場部組織，負責提供產品核心資訊、活動創意以及邀請經銷商等。品牌公關部負責對外傳播的核心資訊、媒體邀請和媒體傳播。這一部分的分工，在市場和公關兩個部門合一的公司，就由一個部門統一負責。

品牌公關部和政府關係部的交叉職能是公共事務，公共事務是運用公共關係手段影響政策的政府關係。所以，在有些公司，公共事務歸品牌公關部管理，有的歸政府關係部門管理。

［品牌公關全球總部和地區以及業務部門的關係］

這一層面主要涉及的是一些大公司，特別是全國性公司和全球性公司的架構模式，可以分為以職能為核心和以地區為核心的兩種。

一個總部在美國的全球公司，中國區的品牌公關總監可以直線彙報給總部的品牌公關全球副總裁或者執行長，虛線彙報給中國區的業務總裁。有的公司則相反，直線彙報給中國區業務總裁，虛線彙報給全球執行長。至於怎樣的架構更合理，沒有一個明確的定論，許多公司也在不停改變。

最後，我強調一點：當你的公司和團隊變得日益龐大時，建立合理的架構是非常重要的一件事。但是多數品牌公關人或是單打獨鬥，或是身處一個很小的包羅萬象的團隊之中。這就需要你能夠一專多能，也就是在你具備了類似媒體關係或影音編輯這樣一個基本技能之後，便要朝戰略思維和多能的方向發展。

我在跨國公司做品牌公關團隊負責人時，特別注意培養團隊成員的綜合能力，即便有明確的組織架構分工，我也會讓他們每過一段時間便進行輪調。比如做媒體關係的去做活動管理，做員工溝通的去熟悉媒體關係，這樣他們才能向更高的職位發展，而不是長期侷限在某一個具體的職能。

績效考核：
軟硬結合，在可控與不可控間尋找平衡
・・・・

　　品牌公關的特性就是，業績中包含了很多硬性目標和軟性目標、可控結果和不可控結果。所以，對品牌公關團隊整體和個人設定績效考核的方式、維度和指標，就變得十分重要。

[品牌公關的業績指標]

1・硬性目標

　　硬性目標通常包括了類似這樣的內容：做了幾次品牌戰役，重要客戶參加的活動的次數，新聞稿被媒體採用的數量，自媒體文章閱讀量超過設定數字的次數，等等。

2・軟性目標

　　軟性目標是指，活動對客戶的潛在影響、重要長官和客戶在活動後或閱讀了企業新聞後對企業的認可程度，等等。

3・可控結果

　　可控結果包括，每一次品牌戰役獲得的企業聲響提升的程度，可以透過大數據和抽樣調查等方式獲得。

4・不可控結果

不可控結果主要是非品牌公關原因造成的結果，比如公司產品出現問題影響銷售和股價，領導人出事導致公司聲譽受損，政治形勢突變，等等。像韓國樂天因為支持部署薩德導彈導致在中國的業務崩潰，這些都是品牌公關完全無法控制的。

作為品牌公關負責人，你需要對硬指標和軟指標、可控結果和不可控結果有清晰的認識和界定，進而幫助你的老闆對你設定考核指標，並以此為依據，對你的部下設立績效考核指標。

［品牌公關部的整體考核］

關於品牌公關部的整體考核，也就是你的老闆給你制定的目標，大致可以分為以下三類：

1・品牌公關總體目標

首先，品牌公關的總體目標，是為了提升企業在目標客戶群中的聲譽，獲得好感和支持。所以，這方面的指標一定要是多維度的、綜合考量的，不要侷限於某一個指標。可以參考的指標大致有：重要客戶對企業好感度的提升、可以通過調查問卷和協力廠商機構做的排名等。

在美國，《財富》雜誌每年做的「最受尊敬企業」排名是一個業界較為公認的指標，這樣的指標與公司業績密切相關，可以作為參考。國內的類似排名也可以參考，但不一定作為硬性指標。

2・業務發展目標

與企業業務發展目標相對應的傳播目標是,企業要推進的業務戰略。比如大數據戰略、人工智慧產業布局、從線上到線下業務轉移、從單一業務企業到多元化企業、從多元化企業瘦身為專注單一領域的企業、從中國到全球、從全球化到本土化,以及一個或者多個重要產品的發布……這些業務活動的品牌公關支持和傳播效果,都是重要的業績考核標準。

3・具體專案目標

比如 CEO 要推進企業文化的變革,公司要實現在海外上市等,這些都屬於硬性指標,其他的軟性指標則可以不用跟長官特別討論,但是會被計入你的總體考核,比如長官對你工作的滿意度、你對長官要求反應的速度、其他部門對品牌公關部的評價等。

[品牌公關負責人對部下的考核]

品牌公關負責人對部下的考核,也可以參照長官對負責人的考核標準,分成品牌公關總體目標、業務發展目標和具體專案目標三大類。

1・品牌公關總體目標

這裡的總體目標是指,你部下每個職能要做的基本事務。你需要為他們設定與企業業務戰略相關的長遠目標和短期業績衡量標準。

以媒體這個職能為例,他的總體目標是為企業發展建立媒體報導的正面調性和相應的聲量,避免重大負面報導的發生,或者在危機公關中將企業聲譽的損害控制在最低限度。

2・業務發展目標

　　媒體部門是為公司即將上市的新產品提供媒體傳播支援，考核指標除了媒體傳播的數量、產品核心資訊曝光的程度之外，還可以與市場部的業績指標甚至整個銷售業績的指標掛鉤。

3・具體專案目標

　　你可以指派媒體部門實現品牌公關部主管的企業公眾號，和市場部、研發部等其他部門的自媒體的資源分享和資料對接，並與市場部一起建立整個公司的自媒體矩陣、數位監測和獲客流程。此外，也可以要求媒體部門建立與某個領域的自媒體，比如時尚、旅行、紅酒等三十個大號的深度合作；又比如和新華社、人民日報、環球時報等媒體建立深度合作關係。

　　另外，關於品牌公關團隊成員的績效考核，同樣要考慮硬指標和軟指標、可控結果和不可控結果的平衡。比如企業產品出了嚴重問題上了「3・15晚會」，品牌公關的媒體部門對此不必承擔責任，但是對上了「3・15晚會」後的處理過程要承擔一定責任。企業業績下滑，引發負面報導是必然的，但是在負面報導後，品牌公關的媒體部門能否組織中立客觀的報導，用以沖淡負面報導的影響，就可以被列為考核的標準。

9

能力進階

預算管理：
花小錢辦大事，有時甚至可以不花錢
· · · ·

品牌公關和廣告的最大區別在於，廣告是自己說自己好，而品牌公關是讓別人說自己好。讓別人說自己好，可以靠某種形式的收買，比如現在比較流行的媒體內容合作。但更為重要的是，品牌公關透過對政治、經濟、行業和社會的深刻見解，設置公眾關心的議題，引發媒體和公眾的討論，從而建立和維護企業的聲譽。

簡單說，就是花小錢辦大事，有時甚至可以不花錢。這個理念乍聽起來有些天方夜譚的感覺，但當我們明確知道，品牌公關這一行不是特別依賴高預算建立影響的這一基本事實，我們就會習慣於用最少的錢，辦最大的事。

品牌公關預算三大來源

品牌公關部門的預算，按照來源和用途，可以分為以下三個方面：

[基本營運預算]
保證基本的營運預算是品牌公關預算管理的底線。基本預算包括：人員薪資、差旅、培訓費用；維護媒體和其他重要權益相關者關係的基本費用；公關公司、輿情監測公司、設計創意公司等協力廠商的費用。

人員費用比較容易理解，但這裡存在一個常見的誤解——老闆往往給了你很高的薪資邀請你加盟，但當你去申請公關公司費用時，老闆會說：「我花這麼高代價請你，你還要再花錢？要是有公關公司，我還請你幹什麼？」

所以，作為成熟的品牌公關負責人，你應該懂得，千萬不要單純衝著高待遇就投奔一個老闆，你的伯樂至少要對品牌公關有最基本的認知。

[與業務發展相關的傳播預算]

品牌公關是預算比較少的部門，所以我們要學會如何找錢，外商在這方面還專門有個詞叫 OPM（other people's money），翻譯過來就是別人的錢。那麼，別人的錢該如何去找呢？

這部分預算，一般不會放在品牌公關部門，而是在產品部和市場部等。比如公司要開發一個新口味的巧克力，產品經理會得到一個總的預算，包括市場調查、產品開發、生產加工、宣傳推廣，也就是行銷的四個 P —產品（product）、通路（place）、價格（price）和推廣（promotion）。跟品牌公關相關的，就是最後那個 P ——推廣。

有些產品的推廣可能會用「廣告 + 公關」的方式，也可能完全透過公關解決，特別是有些不需要打廣告的 B2B 產品。此時品牌公關就需要制訂一個有說服力的計畫給負責整個產品的經理或者副總裁。

需要記住的是，一定要爭取做到先有性感的計畫，才能得到更多的錢。而不是反過來，產品部門跟你說：「給你 5 萬塊，找幾個媒體發發稿。」那樣你就被動了。

[來自 CEO 和總部的特別專案預算]

特別專案一般與 CEO 和總部有關，比如成為國際奧會全球合作夥伴、贊助世界盃，或者一個全公司的品牌戰略：綠色創想、綠動未來、「互聯網 +」、數位生態共同體等。這樣的項目，肯定不會僅由某個業務團隊承擔，也不會把錢都劃給品牌公關部。但是，因為這是來自總部的大預算，品牌公關部有非常

充分的施展空間，要把錢花好，花得有效果，跟企業的品牌目標和業務目標聯繫起來。

品牌公關預算管理二重點

在清楚了預算來源和用好「別人的錢」這個原則之後，品牌公關預算管理還需要注意下面兩個問題。

［對專案預算結構的完整規劃］

主要指的是在做大型品牌戰役和贊助項目時，知道要在哪些地方花錢。比如品牌重塑，你可能要花幾百萬請品牌顧問公司做諮詢、定方案；請設計公司設計公司 logo、品牌結構和標識的使用方法；做廣告和品牌推廣、公關活動……這些必須考慮周全，切忌專案做到一半發現沒錢了，再向管理層伸手要錢。

贊助活動也非常有意思，像奧運、世界盃這樣的大型活動，在企業總預算中，購買贊助權可能只占 20% 左右，其他的 80% 都花在了市場的推廣上。這一點曾讓很多企業吃了暗虧，企業會覺得我已經花錢買了贊助，怎麼還要花更多的錢？

其實道理是這樣的，贊助是為了與重大賽事綁定做品牌推廣。像國際奧會、國際足聯這樣的品牌具有巨大的影響力，你用它們的名義要花很多錢，它們也會給你相應的權益，比如在官方宣傳品上呈現贊助商的 logo 等。但是，你買贊助權的目的是為了讓更多的消費者知道你，如果不花推廣的錢，那巨額的贊助費也就等於白掏了。

[保持預算的可持續性]

因為品牌公關不能和產品銷售直接掛鉤，所以企業的投入經常不確定。在公司業績好的時候多撥預算，在業績不好的時候甚至不給預算。品牌公關負責人要努力爭取類似這樣的費用，儘量保證預算不會大起大落。對品牌成長有長期承諾的企業，應該重視這方面的投入。在市場中，一切的行動、工作都與錢息息相關。俗話說「兵馬未動，糧草先行」，做好預算工作，是品牌公關負責人的必備技能。

9

能力進階

吸引人才：
像企業那樣，經營自己的個人品牌
• • • •

對於很多剛入行的人才來說，最能吸引他們目光的可能就是企業品牌。所以，我也一直鼓勵大學畢業生第一份工作要去有名的大企業。其實不光是對於大學畢業生，對那些有經驗的品牌公關人來說也是如此。

但是，如果將企業品牌作為吸引人才的必選項或者 pass（通過）項，那麼微型企業或者新創企業是否一點機會也沒有？也不盡然。蔡崇信被馬雲「忽悠」到了初生的阿里，小米剛起步時一樣網羅了大批業界高手。你的團隊無法吸引高手加盟，只能是因為你不具備這方面的專門技能罷了。其實，想要吸引業界高手加入你的團隊，無非是靠以下三點：

[建立你的個人品牌]

因為我們是做品牌的，所以用個人品牌這個概念，也許要比個人魅力更準確一些。品牌包括品牌定位、品牌管理和品牌傳播；以下就讓我們從這三個維度加以說明。

1・個人的品牌定位

你是誰？有何不同？誰能證明？拿我自己來說，我是一個有新華社記者和跨國公司雙重經驗的新中國第一代品牌公關人。所以提起李國威（姐夫李），大家就會想起公關專家，這就是我的定位。

2．個人的品牌管理

你是單一品牌還是多品牌？對個人來說，你或許擁有較為清晰的職業經理人形象，但你可能還有子品牌，比如馬拉松跑者、公益專案專家、鋼琴愛好者、美食家、旅行家……這些子品牌都會被帶入到你的工作中去，也許你要吸引的人才和你有同樣的愛好和價值觀。因此，你的生活愈是豐富，個人形象就愈豐滿。當然，如果你想要做一個職場頂級的工作狂也不是不行，年輕人就需要一個工作狂老闆，這樣可以幫助他們快速成長。

3．個人的品牌傳播

你在公司和在行業裡要輸出自己的主張，建立自己的口碑，擁有一定的知名度。我有一個朋友，是以前新華社的同事，現在出任一家大公司的市場行銷副總裁。在他每次換工作時，老闆和同事都會說：「你是名人啊。」因為在網上可以搜到關於他的報導、他代表公司的講話，還有時尚雜誌對他的採訪和大幅的個人生活照。

對人才來說，能給一個有名的老闆打工，是一個很重要的加分項，因為這樣他可以向自己的家人和朋友們炫耀一番。

我們做企業品牌，就是要把企業當作人，反之亦然，做個人品牌時自然可以使用做企業品牌的方法。除了那些品牌的基本框架，作為個人，我們還擁有自己的個性。在人際交往中，要看是否對路。在很多時候，性格對立的人在工作中反而能更好地互補。所以，吸引人才，要看你和人才是不是對路。

［ 讓人才的能力和他的職位相配 ］

這是吸引人才的基礎。找人加盟，最主要的還是為了把工作完成，而不是像找一個伴侶一般，需要彼此考察。

互聯網時代的人才更加多元，品牌公關負責人也愈來愈年輕，很多大型互聯網公司的公關總監就三十歲出頭。但是有些職位，比如傳統媒體關係，需要找有豐富的媒體經驗的老編輯、老記者，起碼是做到部門主任一級的，四十多歲的人。一般來說，向比自己年輕很多的老闆報告，很多人會感到不舒服，但是如果那個職位能夠提供足夠多的機會，能夠充分施展個人能力，人才還是會願意加入的。

如果你需要一個新媒體設計專家、活動管理專家或行業白皮書寫作專家，如果有足夠的預算，那就去找這個行業最優秀的人才。如果預算有限，那就要找那個領域中最有潛力的人才。

［ 讓人才在你的團隊提升個人價值 ］

對任何人才來說，換公司都有風險。和老闆最開始談得不錯，上班後卻發現完全無法相處，這也是大機率事件。或者人才原本具備不錯的崗位能力，入職後卻發現這個公司需要的能力跟自己的優勢並不匹配，這些情況都會導致挫敗感。所以，讓人才在你的團隊提升個人價值，是吸引人才的要素之一。

讓人才提升價值的方法有很多，比如你所在的公司是一家知名企業，你作為團隊負責人在公司和公關行業有影響力，團隊所做的事情充滿挑戰，甚至前無古人。很多老闆就是用這些東西吸引到了高級人才，品牌公關也是同樣的道理。

以我自己為例，跟過我的團隊成員基本上都獲得了大幅提升，加薪升職是一個方面，更重要的是我們一起做了北京奧運會贊助、上海世博會贊助、企業品牌升級、企業文化重塑這樣一些有行業影響力的專案，獲得了寶貴的經歷和經驗。在他們尋找新的機會時，也會請我寫一封推薦信，或者給新的雇主留下我的聯繫電話，讓我當推薦人證實他們在我團隊的經歷和個人能力。

　　最後還有一點，需要大家注意，吸引業界高手加入團隊的過程往往不會一帆風順，任何組織和人群都會有磕磕絆絆的地方，企業內部老闆與員工之間發生矛盾和衝突的現象十分常見。如能理性對待，也未嘗不是個人判斷力和應對複雜事物的能力提升的過程。而且，既然我們從事了品牌公關這個行當，懂得了危機管理的門道與講究，自然也應處理好人才招聘和人才發展中的各種危機才是。

跨部門溝通：
內部溝通往往比外部溝通更重要
· · · · ·

單絲不成線，孤木不成林。品牌公關部作為公司中的一個部門，就一定要和其他部門做好溝通工作。作為公司的情報站，我們的辛勞就是希望公司能夠有更好的口碑和發展。而公司想要壯大，內部就必定要團結一致，切不可本末倒置。另外，作為公關人員，如果連自己內部的關係都無法處理好，你還如何能處理好公司與外界的關係呢？

[品牌的外部支持力量]
在明白這個道理之後，讓我們來看看，品牌公關部在公司內部能夠獲得的支持都有哪些。

1・CEO 的力挺
CEO 邀請品牌公關負責人進入公司管理執行委員會，也就是與市場、財務、人力資源等核心部門的領導人一起參與公司戰略討論。

2・人力資源部門的大力配合
人力資源部門對品牌公關部的人員配置、薪酬標準給予支持。也就是說，當你想招人時，你對人才的薪資建議，HR 基本都會支持。

3・財務部門的寬容
財務部對你的預算比較寬容，知道做什麼事情要花多少錢。

以上是品牌公關部門所能獲得的內部支持的大致情況，而得不到支持的情況，大家也可以想像，大概是：

1・CEO 的漠視

CEO 平時不找你，也不願意接受媒體採訪，政府和行業活動經常找理由不參加，只有在公司有了大量負面報導，出現危機的時候才會想起你。

2・人力資源部門的拆台

人力資源部總是質問品牌公關部為什麼要這麼多人，在公司瘦身時，品牌公關部最先被列入裁員計畫。

3・財務部門的質疑

財務部對你的年度預算和專案預算每次都會提出質疑，有時候甚至砍掉一半，而 CEO 和客戶對活動的品質要求卻從來不會降低。無奈之下，你只好逼著三星級飯店做五星級的服務。

4・採購部門的苛刻

採購部對你選擇的供應商百般挑剔，為了能讓預算 100 萬元的活動節省5000 元，竟然要求你用新的供應商，甚至不顧供應商的專業水準，直接讓你使用他們簽好的供應商。

5・其他部門的「過於重視」

還有一種不支持的情況，就是公司內部其他部門不是不重視公關部，而是

太重視公關部。無論出了什麼事情都會來找你：產品部的客戶來公司，他們會請公關部派人帶客戶參觀；技術部想舉辦一個交流會，讓公關部幫忙設計和製作資料袋；更誇張的是員工餐廳推出「美食季」，也讓公關部設計一套海報……所有的理由都是：「你們是專家。」

類似這樣的難堪還有很多，在此，就不一一列舉了。

[如何做好跨部門溝通]

如何解決上述問題：答案是做好跨部門的內部溝通。

很多從事品牌公關的同行都會帶著切身的感悟說：「內部溝通比外部溝通還重要。」你會發現一個普遍的現象──愈是級別高的品牌公關主管，在外面露面的次數愈少，甚至在網上都很難搜尋到他們參加的活動和言論。那麼，他們都在做什麼呢？答案有且僅有一個：內部溝通。

內部溝通的核心原則在於，提供價值。那麼，品牌公關的核心價值是什麼？無疑是建立和維護企業的聲譽。

政府、行業、消費者和員工對企業的認知，在企業所有人的對外交往中都可以感覺得到：政府官員談論你們的新技術，客戶轉發你們生動的 H5，主流媒體報導公司的數位化新戰略，員工在朋友圈曬公司的周年派對、CEO 在台上的表演，公司在各種排名和榜單中的位置上升，危機對企業聲譽的負面影響減少……這些都是品牌公關價值的具體表現。

只有了解自己的核心價值，才能做好自己的本職工作。主動在內部傳播由品牌公關部門主導的專案的積極成果，是做好內部溝通的關鍵。下面我為大家提供幾個內部溝通的常用方法。

1・圍繞公司的核心戰略，與其他部門合作，推進共同目標

實現公司的核心目標，一定需要各部門的配合，這種時候你不用強調自己多重要。比如公司做文化變革，一定是由人力資源部和品牌公關部牽頭，確定文化的基調、表達和傳播方式，兩個部門必須密切協作；如果公司推出新產品，則一定是市場部和公關部密切配合，有的公司這兩個部門已經合二為一，但是品牌公關在產品發布中的議題設置能力和媒體傳播能力，對新產品的上市傳播至關重要。

2・利用品牌公關專業知識，幫助其他部門解決實際問題

如果政府關係部要推動一項有利於公司的政府政策，希望透過媒體傳播專家的聲音，品牌公關部就可以密切配合。

我在跨國公司工作的時候，與法務部有過很多合作。他們為了推廣「守法合規」的公司文化和規定條款，曾多次在員工間進行普及，告訴大家什麼樣的交易不能做，超過多少錢的禮品要哪個級別的長官審批，與競爭對手的接觸如何不被解讀為操縱價格等。品牌公關部幫助法務部設計了有趣的可讀性強的小冊子，在辦公區做誠信守法推廣活動，這些都幫助法務部實現了他們的業務目標。

3・與其他部門負責人建立交流機制和個人關係

個人關係毫無疑問也特別重要。我在做品牌公關負責人的時候，經常利用其他部門開業務會的機會，跟他們分享品牌公關的新廣告和新策略。有時也會請其他部門的負責人來我的部門介紹他們的業務進展，比如請產品研發部門介紹他們開發的很酷的領先科技。

4‧在長官面前稱讚其他部門

在大家共同完成專案、報告工作的時候，不能貪功，適度稱讚其他部門，比如「採購部為這次產品上市活動提供了有力支持，用很短時間高效率考察並選定了十五家供應商」等。

5‧「刻意」展現品牌公關人的工作場景

這裡的刻意並不是做作，只需要在晚上團隊加班訂餐時，看到 CEO 辦公室也亮著燈，就也給老闆送一份奶茶；或者半夜在飯店做搭建，睡前請住在飯店的人力資源總監到現場視察，聊一聊八卦就好。這些都是為了讓內部其他部門知道品牌公關部的工作狀態和辛苦。

EPILOGUE
結語

品牌公關的四個職業發展階段
· · · · · · · · · · · · ·

　　沒有什麼行業比品牌公關更多變，更令人困惑。一個問題不停地跳出來：我在這一行能做多久，我的終極目標是什麼？做到最後能怎麼樣？要不要轉行，什麼時候轉？公關人應該怎樣規劃自己的職業，在變化中找到自己的歸屬？我們可以看一下品牌公關人才發展的四個階段。

[第一個階段：從入行到起步]
這一階段最大的挑戰是：轉變思維。

　　一直以來，公關人的起步通常都透過以下幾個途徑：大學畢業直接加入甲方或者乙方的公關團隊，媒體人轉行，跟隨創辦人創業負責公關，以及從相關行業轉行而來，比如人力資源。

　　無論從哪個途徑進入公關行業，最初都面臨著一個問題——在企業的高度

個性化狀態下生存。企業和老闆個性的放大，要求公關人隱藏或收斂自己的個性。這一點在前媒體人身上表現得最為明顯，他們需要轉變的跨度也更大。媒體各有不同，但是組織的個性差異絕對比不上企業。在企業做公關，並不單純考察稿件品質，更要看你是否可以調動資源以此來滿足長官對公關的需求。如果說有一項必須強，那就是領會長官意圖的能力。通常情況下，長官既指望你公關服務的專業，也要求個性細節的完美。

我剛剛入行的時候，CEO 要接受 CNN（美國有線電視新聞網）的採訪，我的公關主管得意地對我說，今天採訪的問題昨天他全部猜中了。當時我就在想，總有一天我也能做到。

要做到這樣，不僅要依靠媒體能力，還要看你與老闆的關係，看公關部在企業中的地位。一個大公司的公關同行對我說，他負責安排幾個大老闆的外媒採訪，但是管理結構上，上司是公關部總經理，再向上依次是主管副總裁、執行總裁、總裁、CEO、董事長。一層層上去，媒體的問題也許可以想得出來，但是董事長和 CEO 想什麼，真的無從得知。

判斷一個新的公關人是否適應了這個行業，可以看他是不是經常抱怨。如果一個公關人總是在抱怨工作的各種困難，那麼說明他還沒有進入這個行業。相反，藏起自己的個性，開始圍繞企業和老闆的個性悄悄做起事來的新公關人，算是過了入行這一關。

[第二個階段：從起步到上升]

對於這個階段，最深的感受是：初享紅利。

過了入行的適應期，得到老闆的信任，企業發展勢頭良好，這是公關人職業上升的時期。

我自己帶過的團隊裡，具有三至五年經歷的公關人，處於他們最自在的時期。他們努力工作，很少抱怨，能主管一個專案，帶一個實習生，幫公司大老闆安排活動，參加公司組織的培訓，出差去一趟國外……一切都讓他們興奮。

　　這個階段遇到的問題是：下一個工作是什麼？雖然知道一定會更好，但總是忍不住會想：要不要從乙方跳到甲方？要不要去讀一個 MBA（工商管理碩士）？在小公司工作的，會考慮要不要爭取去大公司；在大公司工作的，會考慮要不要去正招人的新創公司。

　　克服選擇焦慮的辦法是：把一個領域做深做專，提升自己的價值。比如成為員工溝通專家，在這個基礎上，留在本公司可以要求跨出本界，嘗試做品牌策劃、媒體關係；離開本公司，可以做更高職位的員工溝通經理。

　　在這個發展階段，每一個專案、每一個經歷都有特別的意義，都要銘記於心，體會至深。無論是成功還是挫折，都要記錄下來，使其成為自己的方法論，建立自己的思想財富大廈。在未來的職業發展中會體會到，每個人都有停滯期、困惑期，唯有這個從起步到上升的階段，回憶總是充滿色彩。

[第三個階段：從上升到成熟]

　　該階段，體會最深的是：困惑糾結。

　　當你走向成熟期，自我感覺良好的時候，要分清哪些是平台／公司帶來的，哪些是屬於你自己的能力和資源。經常出現的感覺是：你覺得你可以帶更大的團隊，但是根本受不了部下直接與你的長官對話這樣的小事；你覺得媒體關係盡在掌控，但是自媒體反覆攻擊，在長官的壓力和法遵的底線面前你束手無策；你覺得你很懂傳播，很有審美，但是你親自批准的廣告創意和推廣文案，上線以後或一片罵聲，或沉寂無聲……

我在和一些三十五至四十歲的公關人交流的過程中，明顯感覺到大家選擇的困惑。有乙方公關人的不安：「公司在數位化轉型，來了好多做新媒體的，做創意的，傳統公關愈來愈被邊緣化，我覺得要儘快到甲方找個職位。」甲方也有甲方的難處：「公司在調整，我管的業務線要砍掉，公關自然也沒了，我在這裡做了十年，去別的公司怕不適應，也不知道誰能看上我。」

能力和經驗已經到了一定高度的公關人，最需要的是三種東西。

1・良好的心態

　　這一點最為困難。職場中通常會出現這樣的情況：對自己認識不清，認為自己可以得到高職位、高薪水，但是自己的能力和雇主的需求，自己的個性和企業主管的個性之間都存在一定差異；即使拿到了高職位、高薪水，工作不順心又很快便有離開的衝動。事實上，所謂的保持好心態，就是準備從零開始，但是任何時候都不要懷疑自己的能力，十年公關的職業歷練無可替代。

2・持續學習的能力

　　所謂持續學習的能力，就是在不斷吸收新知識的同時，將紛雜的知識總結、消化，然後嘗試著輸出，輸出是最好的學習。

　　之前我們更多的是在聽別人傳授經驗，現在嘗試將自己的經驗和方法記錄下來，講出來，如果講得不夠順暢，就要思考一下問題出在哪裡，是經驗本身有問題，還是總結的方法不對，還是自己的表達出了問題。讀一讀《刻意練習：如何從新手到大師》、《精進：如何成為一個很厲害的人》這樣的書。

3・得到行業推手的幫助，俗稱「貴人相助」

要得到貴人相助，重要的是積累人脈。個人品牌在進入職場的第一天就發揮著非常重要的作用，專業能力、為人處事的態度、對他人無私的、有私的幫助，在某一個時刻都會「顯靈」。

在我職業發展最困難的時候，一位記者朋友幫我介紹了工作，這讓我感激不盡。我也曾多次幫過自己的下屬、實習生和朋友，為他們推薦職位，接聽用人單位人力資源工作人員長時間的電話背景調查。當然，在當事人加入我推薦的公司後，可能會發現原來事情和最初的設定並不一樣，本來發展不錯的業務半年後便解散了，我還要去道歉，人家通常還會反過來安慰我：「沒事的，怎麼能怪你！」其實我覺得把人扶上一匹馬，哪怕是一匹壞馬，他也能起碼往前走幾步，而且他還能學習辨別一匹馬的好壞。

［第四個階段：從成熟到飛躍，從成熟到退出］

到了這個階段，你更多需要考慮的是：價值昇華。

這個階段，要回答公關人的職業終極目標問題。我們可以看到這幾個路徑：

1・成為 CMO（行銷長）和 CEO

這條路，是勇敢的人走的。我們身邊不乏這樣的榜樣。

比如我在通用汽車工作過時公關部同事鄭傑，現任廣汽菲亞特・克萊斯勒（FCA）汽車銷售有限公司總裁，FCA 中國區 COO（營運長）；又如 IBM 大中華區執行長周憶，觀致汽車主管市場和公關的執行副總裁甯述勇等。

他們都是公關人出身，然後走出自己的舒適區，做市場，做銷售，最終成為公司管理的核心層。

2・上市、套現，實現財富和職業的雙重目標

這條路，也是勇敢的人走的，中國公關三十年的成長，以藍色游標為代表的一批公關公司，以擁抱資本市場，將業績出色的公司出售等方式，獲得了個人財富和職業發展的雙重收穫。公關人，特別是乙方公司，不再是被人吆喝的服務商，而是說明甲方完成從戰略到實施的一系列事務，個人也擁有巨大財富的企業家。

3・專業自由人

第三條路，給不夠勇敢但足夠專業的人。在這個行業開始被「80後」、「90後」主宰的時候，還有一批「60後」和「70後」在大企業發揮著舉足輕重的作用，他們的行業深度、公司人脈和全球視野很難被超越。他們或者選擇在公司服務至退休，或者像我一樣在五十歲出頭的時候，開始做這個行業以前沒有做過的事—專業自由人。

4・成為全球公司的 CCO（傳播長）

以前在跨國公司做公關，因為語言和文化形成的玻璃天花板開始隨著中國企業走向全球被打破。我在京東集團、海航集團這樣的大公司工作的朋友，就是在領導公司在海外的公關，管理世界各地的非中國籍員工。這種挑戰和職業滿足感，非昔日能比。

公關人的職業發展和歸宿，是我們每次遇到挫折時就要考慮的問題，但是當你困惑的時候，一定要想到，還有很多自己的同行在面臨同樣的問題和挑戰，還有更多的人走出了困惑，看到了一片更廣闊的天地。

[JOB 004]

公關力
讓客戶、消費者、媒體、政府、投資人都說你好，
打造企業影響力
· · · · ·

作　者　　　　　　李 國 威

執 行 長　　　　　陳 蕙 慧
總 編 輯　　　　　魏 珮 丞
責 任 編 輯　　　　魏 珮 丞
行 銷 企 劃　　　　陳 雅 雯、余 一 霞、尹 子 麟
封 面 設 計　　　　井 十 二 設 計 研 究 室
排　版　　　　　　JAYSTUDIO

社　長　　　　　　郭 重 興
發 行 人 兼 出 版 總 監　曾 大 福
出　版　　　　　　新 樂 園 出 版／遠 足 文 化 事 業 股 份 有 限 公 司
發　行　　　　　　遠 足 文 化 事 業 股 份 有 限 公 司
地　址　　　　　　231 新 北 市 新 店 區 民 權 路 108-2 號 9 樓
電　話　　　　　　（02）2218-1417
傳　真　　　　　　（02）2218-8057
郵 撥 帳 號　　　　19504465
客 服 信 箱　　　　service@bookrep.com.tw
官 方 網 站　　　　http://www.bookrep.com.tw
法 律 顧 問　　　　華 洋 國 際 專 利 商 標 事 務 所　蘇 文 生 律 師
印　製　　　　　　呈 靖 印 刷

初　版　　　　　　2019 年 09 月
初 版 二 刷　　　　2022 年 01 月
定　價　　　　　　NT$460
ISBN　　　　　　　978-986-98149-0-4

公關力

讓客戶、消費者、媒體、政府、投資人都說你好，
打造企業影響力

李國威作——初版

新樂園出版：遠足文化公司發行，2019 / 09
304 面；17x22 公分——〔JOB 004〕

ISBN 978-986-98149-0-4〔平裝〕

1. 公共關係

541.84
108013269